义务教育课后服务
实践路径与推进策略
实 施 指 导 手 册

北京教育科学研究院基础教育科学研究所
义务教育课后服务质量提升项目组 ◉ 著

知识产权出版社
全国百佳图书出版单位
—北京—

图书在版编目（CIP）数据

义务教育课后服务实践路径与推进策略：实施指导手册/北京教育科学研究院基
础教育科学研究所义务教育课后服务质量提升项目组著.—北京：知识产权出版社，
2025.3.—ISBN 978-7-5130-9697-3

Ⅰ.G632.3

中国国家版本馆 CIP 数据核字第 2025NJ1096 号

责任编辑：高　超　　　　　　责任校对：王　岩
封面设计：张国仓　　　　　　责任印制：孙婷婷

义务教育课后服务实践路径与推进策略：实施指导手册

北京教育科学研究院基础教育科学研究所义务教育课后服务质量提升项目组　著

出版发行：知识产权出版社有限责任公司		网　　址：http://www.ipph.cn	
社　　址：北京市海淀区气象路 50 号院		邮　　编：100081	
责编电话：010-82000860 转 8383		责编邮箱：morninghere@126.com	
发行电话：010-82000860 转 8101/8102		发行传真：010-82000893/82005070/82000270	
印　　刷：北京建宏印刷有限公司		经　　销：新华书店、各大网上书店及相关专业书店	
开　　本：720mm×1000mm　1/16		印　　张：13	
版　　次：2025 年 3 月第 1 版		印　　次：2025 年 3 月第 1 次印刷	
字　　数：200 千字		定　　价：78.00 元	

ISBN 978-7-5130-9697-3

序

实行"双减"政策以来，北京市积极探索、大胆创新，不断深化认识、提升实践能力，以坚定的政治站位、专业的行动设计、细致的人文关怀打造出有高度、有精度、有温度的课后服务实践体系，实现了课后服务从"课外托管"到"育人提质"，从"分散推进"到"系统深化"的快速跃升。课后服务不仅在改善民生福祉方面发挥了应有的作用，更为夯实人才基础、促进教育优质均衡、实现教育强国提供了新载体，在高质量教育体系建设中发挥了延伸性、拓展性的作用。

2023 年，北京教育科学研究院基础教育科学研究所义务教育课后服务质量提升项目组（以下简称项目组）受北京市教育委员会基础教育一处委托，开展《北京市义务教育学校课后服务工作指南》的研制工作。2024年 5 月 17 日，北京市教育委员会正式发布《北京市义务教育学校课后服务工作指南（试行)》（以下简称《指南》）。项目组结合《指南》和北京市经验，编写了《义务教育课后服务实践路径与推进策略：实施指导手册》（以下简称《指导手册》）。

定位：《指导手册》是教育强国背景下对学校教育新生态的引导与建构

站在实现中国式现代化进程的历史新节点上，以教育强国战略为指引，全面落实"双减"要求，《指导手册》致力于充分发挥基础教育强国基点作用，从人才培养需要的角度，从学生终身成长的角度，力图构建更适合每个学生充分而有个性的发展、更利于拔尖创新人才的孕育产生、更有效弥合学校和社会割裂、更促进积极主动创新的学校教育新生态，推动学校教育供给模式变革和学习实践形态变革，并以此优化学校内部治理结构和机制，使课后服务和课堂教学共同成为学校育人的主战场，体现课后服务的政治属性、人民属性和战略属性。因此，《指导手册》是面向未来的课后服务指导。课后服务不是原有课程教学模式的课后复制，而是通过新的课程形态、新的培养体系来发展教育新质生产力和新质生产关系。

历程：《指导手册》是北京市课后服务工作实践经验的提炼与固化

2017年，《教育部办公厅关于做好中小学生课后服务工作的指导意见》发布，北京市积极响应，大力探索课后服务实施策略，奠定了较好的实践基础。2021年以来，一批区域和学校聚焦校情学情，开展以满足学生多样化成长需求为导向的实践创新，形成了一系列操作性强、实践效果好、具有迁移推广价值的典型案例，不仅为"双减"顺利实施提供了支持保障，也探索出常态化开展义务教育课后服务的路径、机制和策略。《指导手册》正是基于前期基层实践，是对已实施课后服务工作中被证明的有效经验的提炼与巩固，体现了开展课后服务工作过程中的实践智慧。因此《指导手册》不是写出来的，而是做出来的。

指引：《指导手册》贯穿了三个指导性思维

《指导手册》的背后主要体现了三个思维导向，力图通过这三个方面使《指导手册》更加突出北京特点，体现首善标准，符合教育强国和教育高质量发展要求。

第一，整体性思维。虽然《指导手册》的核心词是课后服务，但倡导在完整的学校育人系统中定位课后服务，不能割裂、片面，只顾一点。这主要从两方面体现：一方面，强调课后服务与国家课程计划中的课程教学具有结构关联。两者虽然性质不同但是也要彼此呼应，优势互补，进行一体化设计，发挥育人合力。另一方面，强调课后服务不仅是课程问题，而且是具有多种形态的育人活动，同时也牵引学校内部治理行为的迭代升级，是学校育人体系的系统联动工程。

第二，持续性思维。课后服务将是学校今后的常态化工作，因此制定科学、有效的供给机制十分关键，特别是在减量发展的新形势下，不应仅强调课后服务课程数量的多和全，更应侧重它的精和实。学校要结合学生需求挖掘自身教育优势，开发建设做得了、做得好、做得长的课后服务项目。同时，要激发教师动力、优化管理措施、加大技术支持力度，使课后服务成为学校发展的新场域。

第三，自主性思维。《指导手册》的目的是保护课后服务的丰富性，指出路径和策略，而不是给学校额外制定一套规则和标准，更不是让学校按一个模式行动。因此，《指导手册》没有对课后服务内容、标准等做过细的列举，而是鼓励学校在服务内容、排选课管理、具体监督评价方式等方面体现学校自己的特点，切实尊重学校的专业自主权。同时，《指导手册》着重强调学生参与课后服务的自主意愿和自主实践，让课后服务成为学生真心向往、开心学习的乐土。

回应：《指导手册》回答了五个核心问题

《指导手册》着重回答了如下核心问题：

一是对课后服务的界定问题。课后服务是义务教育正式课程计划之外的育人活动，它与课程计划中的三级课程具有不同的性质。三级课程是所有学生必须参与的法定课程，课后服务是学生自愿选择是否参与的课程，它在学习方式上具有更强的综合性和实践性特征。

二是课后服务与课堂教学的关系问题。学校要对两类课程进行整体规划、整体实施，使之各有侧重、衔接互补、合力育人。课后服务要突出对学生多样化、个性化需求的满足，尽量帮助学生拓展多元素质发展空间，超越课堂教学的局限，但同时也要和课堂教学双向发力、互相促进。

三是课后服务与减负的关系问题。第一，课后服务要为学生在学校完成作业提供一定的时空保障，避免因课后服务活动造成新的负担。第二，课后服务要有助于解决课堂中遗留的个别化问题，为保障课堂教学质量提供支持。第三，课后服务要满足学生的差异化学习需求，让学生学足、学好，做到减负提质。

四是课后服务实践体系问题。从整体推进看，课后服务工作包括系统规划、内容设置、管理实施、资源使用、安全保障、质量监控六大方面。同时还涉及组织保障、经费保障、人员保障、专业保障、技术保障、激励保障六项支撑。

五是课后服务与学校发展问题。从校内看，课后服务与学校课程、教学、资源、评价、安全、信息化、教师发展、后勤管理等全要素相关，课后服务的升级会促动学校治理各方面的优化调整。从校际看，课后服务要凸显每个学校的育人优势，体现扩优提质；同时也要促进校际优质资源流动，推进校际均衡。

期待《指导手册》能够成为学校提升课后服务品质、凸显育人特色的支持性工具；更希望每所学校在课后课内一体化发展的过程中全面提升教育教学质量，形成全员、全程、全域育人的局面，不断优化和创新管理机制，提升资源使用效益，体现首善标准，促进基础教育高质量发展。

2025 年 3 月

目录 CONTENTS

第一章

义务教育课后服务理论内涵

　　课后服务是为了满足人民群众的实际教育需求，解决日常放学后儿童教育问题而实施的一项教育公共服务。不同国家对课后服务的称谓表述有所不同，比如延时服务、课后教育、课后托管、课后项目、放学后计划等。从全球来说，课后服务已成为很多国家社会服务体系的构成内容之一，它们通过开发公共教育资源，扩大课后服务供应主体，不断提升课后服务供给能力。为确保其中儿童机会与权益的公平公正，各国纷纷就课后服务管理建章立制，甚至一些国家上升到立法层面，出台了相应法律法规，解除家庭后顾之忧，促进儿童健康成长，完善社会福利体系。可以说，课后服务已成为全球教育改革的关注点之一。

　　在我国，学生在校时间的减少与家庭看管能力的局限产生了现实矛盾，特别是安全环境与发展环境越来越复杂，课后托管与教育问题逐渐凸显，成为影响广泛的社会性诉求。2017 年，中国儿童放学后托管教育问题研究的数据报告指出，85.19%的被调查家庭认为孩子放学后的托管难是一个棘手的问题。① 党和国家高度重视民生福祉，将人民至上的理念落实到办好人民满意的教育的各个方面，2017 年，教育部发布《教育部办公厅关于做好中小学生课

---

① 刘潜润. 中国儿童放学后托管教育问题研究［M］. 北京：清华大学出版社，2018：64-68.

后服务工作的指导意见》，对课后服务作出了总体部署，明确了学校在课后服务中的主渠道作用。此后，各地政府纷纷进行制度创新和模式完善，努力推动本地区课后服务工作的有效落实。2021年中共中央办公厅、国务院办公厅印发了《关于进一步减轻义务教育阶段学生作业负担和校外培训负担的意见》，将课后服务作为"双减"的核心内容之一，明确提出要提升学校课后服务水平，满足学生多样化需求①，课后服务工作受到前所未有的关注，成为落实"双减"政策，增强教育服务能力，提升人民群众获得感、幸福感的重要民生工程。

但是，在实际推进中，课后服务也面临一系列挑战。首先，课后服务在我国政策与实践体系中均属较新内容，因而无论其本身的理论内涵、政策定位还是大众对它的理解都存在不断系统化、规范化、深入化的空间。其次，从实践反馈来看，无论是教育部办公厅等四部门联合印发的《关于进一步规范义务教育课后服务有关工作的通知》中提出的"五个严禁"的现象，还是网络中呼吁取消课后服务的舆论，以及一些学者对课后服务进行调查反映出的问题，很大程度上都是因为对课后服务基本理论认识不到位导致的实践偏差。例如，课后服务不属于义务教育强制性内容，学生有权自愿选择是否参加，因此，学校不应该强制要求所有学生参加课后服务，否则，一方面容易导致学校课后服务负担加重，另一方面也会阻碍部分家长对子女放学后看管教育的自主安排，引起家长不满。再如，课后服务倡导"五育"并举，但同时也倡导基于综合性、实践性活动的"五育"融合，因此，"五育"并举不意味着课后服务必须开全五大育人主题的系列课程，学校可以根据本校资源特点挖掘具有多重教育价值的长程课程资源，以减小课程开发与实施的压力。最后，也是更为重要的，党的二十大以来，党和国家明确提出了科技、教育、人才三位一体的发展战略，作为学校主阵地的职能任务之一，教育强国进程中课后服务何为，课后服务与课堂教学如何发挥育人合力，课后服务如何有

---

① 中共中央办公厅　国务院办公厅印发《关于进一步减轻义务教育阶段学生作业负担和校外培训负担的意见》［EB/OL］.（2021-07-24）［2022-12-03］. http://www.moe.gov.cn/jyb_xxgk/moe_1777/moe_1778/202107/t20210724_546576.html.

效助力减负提质，课后服务如何服务于创新人才早期培养，课后服务如何撬动学校治理变革和学校高质量育人体系建设，这一系列的问题首先需要从理论上进行梳理和建构。

有研究者对 2011—2021 年课后服务相关文献做了统计分析，从课后服务关键词出现频次和中心性统计分析表中可以看出，课后服务、弹性离校、课后托管、中小学、韩国、小学、校外培训、美国等内容为主要的研究热点。① 可以看出，此时的研究以发挥"服务"功能为核心，很大程度上都在关注校外培训与校内服务的关系，同时也比较注重对域外经验的借鉴。但是对知网 2022—2023 年中发表的文章进行文献可视化分析可以发现，"双减"政策、中小学、教育公平、"五育"并举、作业、供给主体等在研究主题中排前几位，研究关注点明显转向了以校内教育为主的课后"育人"功能，同时，也开始关注课后服务所带来的校际的、家校社之间的教育新生态建设问题，这是对中国式课后服务理论的初步建构，是高质量教育体系建设不可或缺的环节，对义务教育优质均衡发展具有重要意义。课后服务不仅是民生工程，更是贯彻党的教育方针、落实教育强国战略的重要载体。

第一节　课后服务发展历程

《教育部办公厅关于做好中小学生课后服务工作的指导意见》的发布标志着我国首次正式提出"课后服务"这一概念。但是，课后服务并非这一时期才出现的全新事物，更不是因为"双减"而给学校带来的额外的、附加的任务。实际上，从新中国成立初期开始，党和政府以及义务教育学校就一直在不断探索学校要如何发挥正式课程计划外的教育与管理职能。随着社会结构、经济模式以及教育需求的变化，课后服务政策导向和实践形态也处于变化和

---

① 赵长通，于小晶，邱建国，等. "双减"政策背景下我国课后服务研究综述：基于 CiteSpace 可视化分析［J］. 广西教育学院学报，2023（3）：32-38.

调整中。

从历史进程看，课后服务在政策和实践中的发展进程大致经历了以下五个阶段（图1-1）。

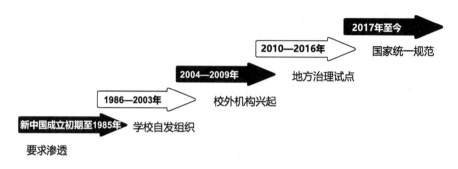

图1-1　课后服务发展进程

一、初期要求渗透（新中国成立初期至1985年）：以课外活动为主要载体的课后职能履行

从新中国成立初期到20世纪80年代中前期，课后服务以课外活动的形式存在于学校，国家从学生健康、全面发展的角度对学校教育行为进行调节和规范，对在校课外活动提出了具体要求。课外活动在正式课程之余开展，主要占用时段为下午放学前。可以说，课外活动是课后服务的前身。

1951年，中央人民政府政务院颁发的《关于改善各级学校学生健康状况的决定》提出，学生每日体育、娱乐活动或生产劳动时间：除体育课、晨操或课间活动外，以一小时至一个半小时为原则。① 由此可见，学校育人职能，除了包括正式课程、课间操，还要包括锻炼、娱乐以及生产劳动等活动的组织。显然，后者属于课后活动部分，它是学校教育的一部分，作为学校的正式职能，从新中国成立初期就一直存在。1955年，教育部先后颁布了《关于减轻中、小学校学生过重负担的指示》和《关于小学课外活动的规定》，明确

---

① 顾明远. 教育大辞典（增订合卷本）［M］. 上海：上海教育出版社，1998.

要求学校应作为小学生课外活动的场地，教师作为活动的指导者；同时还指出，校内的课外体育锻炼、文娱活动、生产劳动、课外研究、校会班会以及校外社会活动，完全由学校行政统一领导和安排，校外各方面不得直接向学校布置各种活动①。1964 年颁布的《关于克服中小学学生负担过重现象和提高教学质量的报告》也要求各地区大力发展学生课外文娱活动，促进课外活动的形式和内容的多样化、丰富化。这些政策进一步表明，计划、组织、实施校内课外活动是学校的基本职能，是学校应有的育人活动和育人途径，义务教育阶段学校除完成国家规定的强制性教育教学任务外，也需要对教育形式进行多元化探索，以促进学生全面、健康发展，推动素质教育落地。这一职能为后期开展课后服务奠定了坚实的基础。可以说，课后服务就是在此职能之上的延伸和拓展。

这一阶段的课外活动直接针对和解决的是学生课上学习单一、学习负担过重的问题，力图通过课外活动的开展缓解身心压力，实现德智体全面发展，具有突出的育人导向。相关教育政策侧重于对学校课外活动职责、课外活动内容、课外活动频次的规定与引导，虽然随着教育的发展，其中有些内容后期已经逐渐由课外转为课内，但是对学校正式课程之外教育职责的强调、对下课后放学前教育活动的重视对后期有着重要的影响。

二、学校自发组织（1986—2003 年）：基于成本补偿收费服务的学校自主选择

从 20 世纪 80 年代中前期至 21 世纪初期，这一阶段学校课后服务呈现出与前一阶段不一样的特点，主要体现为一些学校主动将其所开展的教育教学以及管理活动划分为"学校义务"和"非学校义务"两部分，对于非义务部分采用收费实施的方式进行，部分课后职能被列为收费项目，成为学校额外

---

① 教育部关于减轻中、小学校学生过重负担的指示（1955 年 7 月 1 日）[EB/OL].[2024-02-06]. http://www.360doc.com/content/17/0719/18/877149_672627056.shtml.

提供的服务内容。

1985 年，中共中央颁布《关于教育体制改革的决定》，教育对于国民经济发展的战略地位得以凸显。扩大学校的办学自主权、发展基础教育、有步骤地实现义务教育等指示为教育发展指明了方向。次年，《义务教育法》颁布。教育事业蓬勃发展，学校办学活力显著增强，但与此同时，教育经费紧张问题也更加显现。虽然国家加大了对义务教育的财政拨款力度，但是与快速发展的教育事业相比，教育经费仍不能满足改革和发展的需要。各地政府和教育部门通过地方立法、采取行政和社会等各种手段，多渠道筹集教育经费。学校也成为筹措教育资金的主体之一，而勤工俭学成为学校重要的财政收入来源，勤工俭学的主体从学生转移到学校。如果说新中国成立之前的勤工俭学属于"以工助学"，新中国成立后到 20 世纪 80 年代中前期的勤工俭学属于"一面开展劳动教育、一面发展教育事业"，那么，20 世纪 80 年代中后期的勤工俭学则更聚焦于"扶植教育事业"的功能。以北京市为例，1988 年开始推行劳动、人事、工资制度改革，改革后教师月收入增长部分的 59.3%来自以勤工俭学为主要渠道的学校创收投入[1]。

这一阶段，课后对学生的看管、指导等也成为一些学校的收费服务活动，但是和校办企业不同，这部分收费不是以营利为目的，而是为了更好地补充课后教育所需，激发教师工作热情，提升课后教育质量。在此基础上，一些学校进一步扩展课后服务范围，如开办收费晚托班等。应该说，绝大多数校内课后教育活动仍然坚持了免费公益原则，只有少量延伸服务进行了收费。

这一阶段课后服务变革的尝试是以城镇学校为主，在改革、放权的大形势下，结合减负和育人的需要，根据当地实际情况进行的自行探索。此时变革的核心不是教育问题，而是经费体制问题，是从优化学校内部管理、激发教师主动性的角度思考课后服务，是对教育发展动力的思考。

---

① 陶西平. 启动学校内部活力的理论与实践：北京市学校内部管理体制改革研究 ［M］. 北京：北京教育出版社，1990：198-204.

三、校外机构兴起（2004—2009 年）：课后服务职能向校外的迁移

进入 21 世纪，随着经济体制改革深化，社会主义市场经济繁荣，越来越多的校外培训机构兴起，学校课后服务职能逐渐向校外迁移，体现出比较明显的市场化导向。

导致这一趋势的原因主要有四个方面。第一方面，2002 年 12 月，《中华人民共和国民办教育促进法》颁布，国家明确表示对民办教育机构实行积极鼓励、大力支持、正确引导、依法管理的方针，并且允许出资人可以从办学结余中取得合理回报，国家对社会力量办教育所给予的政策鼓励成为校外培训市场蓬勃发展的催化剂。各种校外教育、校外培训、校外托管机构大量涌现，教育培训市场繁荣，为满足群众多样化需求提供了可能。第二方面，2024 年，教育部、国家发展改革委、财政部发布《关于在全国义务教育阶段学校推行"一费制"收费办法的意见》，规范中小学收费管理，治理教育乱收费，切实减轻学生家长的经济负担，落实政府对义务教育的投入责任，确保义务教育持续、健康发展，这导致学校开展有偿课后服务受阻，学校缺少开展课后服务的激励机制。第三方面，持续的减负政策缩短了学生的在校时间，按照小学生在校学习和自习时间不超过六小时的规定，学生三点半就要放学回家，这一时间明显早于各地职工下班时间，造成接送和看管的问题。此外，我国经过社会转型和经济体制的转轨，原始家庭模式开始发生新的变化，出现了单亲家庭、祖孙家庭、重组家庭和跨文化家庭等高关怀、高边缘或者低功能的家庭，这些家庭成员组成的特殊性，使家庭功能被弱化，导致他们在照顾和养育儿童的过程中出现不同冲突和困难，也需要家庭和学校外的教育补充与帮助[①]。第四方面，一些大城市家庭的教育需求提升，学校教育已不能满足其个性化的发展需求，因此，需要依靠校外机构获得更具针对性的培训

---

① 杨启光，朱纯洁. 论我国儿童课后照顾与教育服务的需求及政府责任［J］. 教育理论与实践，2014，34（34）：25-29.

服务。

除了大力鼓励社会力量兴办教育机构，政府还注意对非营利性校外培训机构进行引导，保障其公益性，这也为解决学生的课后管理问题提供了途径。文化部等12部委于2004年9月联合印发了《关于公益性文化设施向未成年人免费开放的实施意见》，中共中央办公厅、国务院办公厅于2006年印发《关于进一步加强和改进未成年人校外活动场所建设和管理工作的意见》。上述文件都强调青少年宫，文化宫（工人文化宫、工人俱乐部），儿童活动中心，文化馆（站），青少年科技活动中心等未成年人校外活动场所要坚持公益性原则，把社会效益放在首位，向未成年人免费或优惠开放，不得开展以营利为目的的经营性创收项目。

可见，这一阶段课后服务从校内走向校外，无论是营利性机构还是非营利性机构，都成为三点半之后接管在校学生的重要场所。特别是营利机构之间存在实然竞争关系，市场供需决定着企业的生存，因此这些机构十分注重加强对客户需求的研究和支持，高度重视提升培训质量和学习成效，用高质量的服务吸引更多生源。由于课外机构数量繁多，学生参与率高，因此，校外培训成效开始影响校内学习结果，这也导致更多学生参与校外培训。校外培训机构在解决课后托管问题的基础上，确实也为加重学生学业负担，甚至是非正常教育竞争埋下了隐患。这一问题在大城市更加明显。

四、地方治理试点（2010—2016年）：研制区域规章确保课后服务的公益属性

经过一段时间的市场化尝试，由于相关制度和规则不够完善，社会机构缺乏有力引导和监管，一些不符合教育方针的问题出现，引起了党和国家的关注。2010年《国家中长期教育改革和发展规划纲要（2010—2020年）》颁布。2013年《小学生减负十条规定》颁布。2014年，教育部等五部门又联合印发了《教育部等五部门关于2014年规范教育收费治理教育乱收费工作的实施意见》，文件明确规定"不得将……午休管理服务费、课后看护费……作为服务性收费和代收费事项"。以上文件均明确禁止学校占用学生法定时间开展集体补课或组织参与"占坑班"等校外课程补习，并严格规范各种社会补习机构和教辅市场，强调关注儿童的身心健康，特别是第三个文件直指有偿课后服务，对于确立课后服务的免费公益性质具有重要价值。但是对于"三点半问题"该如何解决，则需要各地发挥创新精神，因地制宜制定相关策略。

在 2014 年前后，大量地方政府出台了课后服务的具体规定与举措，其地域遍布了东部、中部、西部等 22 个省、市、自治区的 75 个城市[①]。如，2010 年上海市教育委员会印发了《关于做好本市小学生放学后看护工作的通知》，表示要以维护学生安全为主要目的，在此期间教师可自行选择活动方式，包括但不限于写作业、做游戏、自习和阅读，如有条件也可以与城市、村镇的少年活动中心合作，共同扩展活动类型和方式；但不得进行集体补课、课堂延伸和开展各种兴趣班。2014 年北京市教育委员会印发《关于在义务教育阶段推行中小学生课外活动计划的通知》，规定北京市中小学通过政府购买社会服务的形式在义务教育阶段推行课外活动计划，每周不少于 3 天，每天不低于 1 小时。2016 年 8 月，石家庄市颁发《关于在主城区全面推行小学生免费托管服务的意见》。

可见，这一时期不少地方政府在对课后服务进行逐步规范管理，重新重视发挥学校在课后托管、课后教育方面的职能，充分体现课后服务的公益属性。北京、上海等大城市更是在公益性托管的基础上，强调了课后的教育属性，特别是北京，通过政府购买的形式丰富课后活动内容，显示出首善标准。不过从全国整体来看，还是缺少课后服务相关政策体系支持，大部分地区还是疏于规范管理。

---

① 张昌勋. 近十年国内小学生课后托管服务相关政策综述 [J]. 基础教育论坛, 2018 (16): 10-11.

五、国家统一规范（2017 年至今）：国家出台专门政策引导课后服务的发展

《教育部办公厅关于做好中小学生课后服务工作的指导意见》是我国国家层面第一个关于课后服务的专门文件，"课后服务"一词首次被正式提出。文件对课后服务的主体、对象、内容、形式、资源、资金等多方面进行了方向性规定，标志着我国课后服务政策迈向体系化、制度化、规范化的道路。从政策内容可以看出，这个文件把课后服务定位为民生工程，重点强调了学校对于课后服务的主体责任，指导意见要求各地教育行政部门要统筹规划各类资源和需求，课后服务的"服务"属性比较明显。

2018 年 6 月中共中央办公厅、国务院办公厅印发《加快推进教育现代化实施方案（2018—2022 年)》，支持中小学校普遍开展课后服务工作。2021 年 3 月教育部印发《义务教育质量评价指南》，提出要实现课后服务全覆盖，提高课后服务质量。同年 7 月，中共中央办公厅、国务院办公厅印发《关于进一步减轻义务教育阶段学生作业负担和校外培训负担的意见》，提出应提升学校课后服务水平，满足学生多样化需求。"双减"政策的颁布及实施将各地课后服务推向了高潮，地方、学校纷纷采取多种措施，大力推进课后服务工作，全国涌现大量典型经验案例，课后服务成为学校落实"双减"政策的重要内容。以北京市为例，"双减"政策实施以来，课后服务实现了"三个全覆盖"：实施范围全覆盖，全市所有义务教育学校都开展课后服务，各学校"一校一案"制定课后服务实施方案；工作日全覆盖，周一至周五每天下午都开展课后服务；服务对象全覆盖，课后服务的对象是所有有需求的学生，课后服务内容面向所有学生全面平等地开放，学生自愿选择是否参加。

但是从各地实践情况来看，由于存在政策理解偏差、执行能力有限、传统思想惯性等因素，在推进过程中确实还存在一些不合理的现象。为此，教育部等四部门于 2023 年 12 月发布了《关于进一步规范义务教育课后服务有关工作的通知》，明确提出"五个严禁"，即严禁以任何方式强制或变相强制学生参加或不参加；严禁借课后名义讲授新课或违规集体补课；严禁借课后服务名义乱收费、搭车收费、超标准收费或扩大范围收费；严禁借课后服务名义乱发教师补贴；严禁截留、挪用或挤占课后服务资金。"五个严禁"以比较强硬的命令性政策工具的形式对课后服务的基本规则进行了严格规范，使得课后服务的性质定位和执行要求更加清晰明确。

第二节 课后服务的界定与价值

从新中国成立初期至今，课后服务以多种形态存在于中小学办学实践之中，随着教育的发展，党和各级政府以及广大学校对"课后服务"的认识在实践调整中逐渐聚焦、逐渐明晰。《教育部办公厅关于做好中小学生课后服务工作的指导意见》正式确立了"课后服务"这一概念，这就要求它作为学校一项具体的正式工作职能，要具有符合教育方针、符合办学规律、符合中国式教育现代化发展特点的明确内涵。

一、课后服务的概念界定

课后服务的概念由"课后"和"服务"两部分构成。

根据《教育部办公厅等四部门关于进一步规范义务教育课后服务有关工作的通知》相关内容可以确定，"课后"，是指"上课日及完成国家规定课程和学校教学计划之后"。这说明，课后服务与学校正常课程教学安排具有接续性和差异性。首先，在时间上，课后服务发生于上课日；其次，在顺序上，课后服务发生于正常课程教学之后；最后，在内容上，课后服务不承担国家规定课程和学校教学计划的实施任务。特别是义务教育阶段，国家规定课程是每个学生法定接受的教育，必须在正式课时中完成，不能因为是否参加课后服务而导致国家规定课程的学习机会和质量有所不同。

"服务"，从广义来说，指"为集体（或别人）的利益或为某种事业而工作"①。从狭义来说，指国民经济体系结构中的一种产业形式，也即服务业。服务具有四个典型特征：①无形性，服务没有实物形态，不能被触摸到，只能在服务发生后被感受到，这是服务产品的最本质属性。②同步性，服务是由一系列活动所组成的过程，这个过程需要在服务提供者和被服务者互动的关系中进行，缺少一方的参与，服务都没有实际实现。③异质性，服务的满意程度依赖于具体服务提供者和具体被服务者双方的个人特质、时间、环境等因素，其服务质量容易发生变化。④易逝性，服务不易被储存，无法通过大量储备库存调节供需，只能根据需求和环境变化进行即时的方案调整。可见，课后服务作为一种服务活动，是为了学生、家长的利益或为教育事业或社会主义现代化建设事业而开展的工作，它的有效实施取决于学校、教师和学生、家长两方面的因素，在师生互动的过程中被学生和家长感知，学校需要根据学生、家长需求和教育需要及时调整课后服务供应内容，通过尽量提升服务与学生匹配度来确保课后服务质量。

综上所述，课后服务可以界定为：以学校为主体，以学生主动参与为前提，在国家规定课程和学校教学计划之后，充分调动各种资源，为有继续留校意愿的学生协同开展的教育性工作。

"课外活动""课后托管"是两个与"课后服务"相近的词汇，它们与课后服务的共同之处在于，都描述了在正式课程之后开展的教育和管理活动，但是，它们又各有侧重，和课后服务有着具体的差别。"课外活动"与"课后服务"具有很强的一致性，它们都是正式课程之外开展的教育活动，但从目的指向来说，"课外活动"是课堂教学的必要补充形式，其直接目的是丰富教育途径和教育内容，使学生身心全面健康发展，落实素质教育，学校积极鼓

---

① 中国社会科学院语言研究所词典编辑室. 现代汉语词典（第7版）［M］. 北京：商务印书馆，2016：400.

励学生参与课外活动，很多课外活动都是在放学前开展的；而"课后服务"的直接目的是解决放学后学生的看管问题，具有很强的自愿性，所有课后服务的教育活动都是在学生有留校看管需求的基础之上开展的，学校不能强制要求学生参加。随着课后服务的深化，课外活动和课后服务将在一定程度上进行融合，部分课外活动将以课后服务的形式存在下去。"课后托管"和"课后服务"一样都指向放学后的问题，但是"托管"更侧重于委托管理，强调的是学生的看护职能，对其教育性职能没有特别强调，同时，"课后托管"可以是第三方机构依照合同进行的市场营利活动，而"课后服务"则是政策支持、政府主导、学校主办的一种福利保障性教育活动。

二、课后服务的性质定位

(一) 课后服务是公共服务

人们在日常生活中主要消费着两大类物品：一类是私人物品，又叫作私人服务产品；另一类是公共物品，又叫作公共服务产品。私人服务产品主要是为了满足个人特殊需求；公共服务产品则主要是为了满足与社会上每个人都有利益关系的公共需求。一般认为，私人服务产品可以由市场机制主导供给；而公共服务产品由于其本身有比较特殊的性质（比如消费的非竞争性和非排他性、产品利益边界不清楚、投入成本和产出效益不成比例），就需要由政府来主导供给。从经济学角度来说，区分私人产品和公共产品的标准是看该产品否具有排他性和竞争性。从公共管理学视角来说，区分私人产品和公共产品主要是看该产品是否用于满足公共利益。从政治学视角说，区分私人产品和公共产品的标准是看该服务是不是通过公共权力的使用对维护国家政权合法性具有重要的意义[①]。

根据经济学标准，课后服务面向所有学生平等提供，不具有排他性；然

---

① 卢同庆. 义务教育公共服务均等化问题研究 [D]. 武汉：华中师范大学，2019：24-25.

而当课后服务（特别是某些优质课后服务内容）参与者不断增多，有可能突破成本临界值时，一些学生的参与造成另一些学生不能参与，因此具有了竞争性。从这个意义上说，课后服务不具有完全的公共服务产品特征。但是，课后服务满足广大学生多样化需求并促进学生全面发展，解决家长接送和家庭教育等社会问题，增加了人民福祉，促进了社会和谐稳定，体现出较强的公共利益取向。同时，政府在课后服务活动中处于主导地位，承担政策制定、经费投入、质量监督等公共服务职责①，体现了公共权力在其中的发挥。因此，不能简单地以经济学视角的公共物品"非竞争性""非排他性"的标准判断课后服务的属性，从公共利益和公共权力使用这两个角度综合判断，课后服务属于公共服务范畴。

（二）课后服务是非基本公共服务

公共教育服务是公共服务的重要组成部分。公共服务分为基本公共服务和非基本公共服务。相应地，公共教育服务也分为基本公共教育服务和非基本公共教育服务。其中，义务教育基本公共服务是指与学校教学活动直接相关的公共服务，满足的是教学这一最基本的核心需求，具有同质化程度高和政府供给责任明确等特点。义务教育非基本公共服务是指除义务教育基本公共服务以外的，对学校教学活动具有保障作用的公共服务，具有服务需求异质化程度高，供给主体多元化，政府供给责任随着财政供给能力的提高呈动态发展的特点。2023 年，中共中央办公厅、国务院办公厅印发的《关于构建优质均衡的基本公共教育服务体系的意见》指出，义务教育阶段的主要任务是促进区域协调发展、推动城乡整体发展、加快校际均衡发展、保障群体公平发展、加快民族地区教育发展、提高财政保障水平。课后服务虽然强调了政府的主体责任，但是它还不属于核心的教育教学活动，不同地区、不同学校对课后服务标准的要求差异化较大，课后服务供给主体除学校，还有校外

---

① 教育部办公厅关于做好中小学生课后服务工作的指导意见 ［EB/OL］.（2017-03-02）［2024-02-12］. http://www.moe.gov.cn/srcsite/A06/s3325/201703/t20170304_298203.html.

机构等其他组织，因此严格来说，它现阶段属于非基本教育公共服务。随着政府供给能力的提升，课后服务与学校整体育人体系融合程度的加强，课后服务有可能成为基本教育公共服务的内容之一。实际上，有些课后服务已经逐渐具备了基本公共服务的特征。

（三）课后服务是非强制性教育

进一步来看，根据《中华人民共和国义务教育法》明确规定，九年义务教育是国家统一实施的所有适龄儿童、少年必须接受的教育，是国家必须予以保障的公益性事业，具有统一性、强制性、免费性。学校方面，国家规定的课程计划必须开齐开足，根据课程标准开展教育教学，确保每个学生都能够参与相应的学习活动；家庭方面，要按时让适龄子女进入学校参加学习，不得阻碍或放弃入校学习的权利。国家关于课后服务的政策文件虽然要求中小学主动承担课后服务责任，帮助家长解决照看托管子女的问题，减轻学生学业负担，满足学生多元化学习需求，但现有义务教育法并未明确将中小学承担课后服务的责任纳入义务教育的职责范围，在国家课程计划中也没有列入课后服务相关的内容。因此，中小学课后服务不同于课堂教学，并非义务教育教学工作的法定内容，而是与义务教育紧密联系的一种教育延伸服务，具有可选择性或非强制性。

三、课后服务的功能简述

（一）看管功能

托管看护功能是中小学课后服务的基础性功能。中小学课后服务作为公共教育服务，其直接目的就是有效解决家长下班与学校放学之间存在的时间间隔而导致的学生无人接送和照看困难的问题。对家庭而言，"三点半难题"一方面是时间上的冲突，另一方面也是家长对作业辅导的无奈。即使家里老人可以接送看管孩子，在生活、安全方面有保障，但老人对作业辅导往往力不从心；而学生父母受到学历水平、工作性质、经济条件，以及与学校沟通有限等因素的影响，在辅导作业时也常常出现偏差或产生矛盾，造成家庭氛围的紧张。课外托管机构，不仅增加了家庭经济压力，而且质量参差不齐，看管服务品质难以保证。对于学生托管，学校在管理、师资、场地、资源等方面具有便捷性、安全性、专业性、可信赖等天然优势，是其他机构所不能比拟的。更为重要的是，学校的看护能够有效地将课上学习与课后学习进行快速时空对接，在对学生基本了解的前提下，针对学生的发展需求，为其规划更为合理的课后安排，有的放矢地提供课业辅导，从知识、心理、习惯等多方面培养学生的综合素质。此外，校内托管的有序管理能够减少学生无组织的自由化活动，避免学生"脱管""脱离""脱节"状态，这对中小学生欺凌行为的防范也具有重要作用。

(二) 教育功能

教育功能是课后服务的根本性功能。学校的性质决定了教育性是学校活动的根本属性。课后服务是基于学生的个性基础，指向学生个体潜能发展和核心素养全面发展的教育性工作。课后服务是义务教育的延伸服务，与义务教育紧密相关，相辅相成，其根本价值在于发展学生的兴趣爱好和特长，回应学生个性化、差异化的发展需求，促进学生全面发展，使教育更好地落实立德树人的根本任务。义务教育主要体现为课堂教学，立足于学生的共性需求，以班级授课形式传授知识，注重集中性、高效性，而相对难以顾全学生兴趣、爱好、性格等个体差异，不易满足成长需求的多样性。学校通过课后服务获得更大的教育活动自主权，可以将学生进行结构性重组，形成兴趣、爱好相近的学习共同体，甚至可以通过答疑辅导进行一对一服务，充分尊重学生的主体地位，为其提供适合其个性特点的学习活动，通过基于兴趣爱好的探索与实践活动，提升认知水平、提升思维能力、提升意志品质、提升道德情感。

（三）社会功能

与"双减"政策的紧密联系使得课后服务具有复合性特征，派生出显著的社会性功能。中小学生课业负担过重已成为义务教育阶段最突出的顽疾之一，与此同时，大量的校外培训特别是学科类培训长期侵占学生课后及假期时间，严重影响了学生身心健康。校外教育培训机构在资本化运作推动下无序化生长，催生出大量教育焦虑，出现"只见分、不见人"的现象，这种现象不仅加重了家庭经济负担，更加剧了教育的"内卷"，违背了教育规律，破坏了教育生态。"双减"政策的出台，是党中央站在实现中华民族伟大复兴的战略高度做出的重大决策部署，体现了党中央对学生学业负担的宏观调整以及加大对校外培训尤其是学科类校外培训的治理力度的决心。课后服务是落实"双减"政策的重要环节，可将其视为国家回应社会期盼，治理校外培训乱象、减轻学生学业负担的一种政策工具，体现了国家对中小学生的社会保护和受教育权的尊重。从某种意义上看，课后服务不仅是关系学生成长的教育问题，也是涉及中小学、家庭和社会组织的社会性问题①。课后服务不仅服务于学生和家庭，也是达成国家和社会的教育诉求的一种教育服务形式，从而在特定阶段被赋予了社会服务功能。

四、课后服务的价值

课后服务是实行义务教育的学校在完成当日的国家课程计划后，继续为有意愿在校学习的学生提供的公共教育服务，它是解决人民群众不能及时接孩子放学这一问题的制度建设，是中国式教育现代化的一项具体内容。

课后服务是新时代学校整体育人体系的重要组成部分，该体系通过课上课后、校内校外协同推进，拓展了学校育人时空，推动了义务教育供给

---

① 周洪宇，王会波. 中小学课后服务功能如何优化：基于系统论视角［J］. 现代教育管理，2022（8）：1-10.

侧改革，构建学校育人的新格局，共同承载着立德树人、培养德智体美劳全面发展的社会主义建设者和接班人的教育使命，强化了学校的教育主阵地功能。

课后服务具有内容协商性、方式综合化的优势，贴合学生实际需求，为实现因材施教提供了有效渠道，为探索素养导向的学习方式变革提供了广阔空间。课后服务进一步促进了基础教育的扎实稳固，是实现教育强国的重要途径。

课后服务有助于激发学校教育创新能力，主动开发和利用优势资源提升教育品质，增强家长满意度。同时，以课后服务为契机，进行集团校间、城乡手拉手学校间以及优质资源输出方与输入方之间师资、课程、管理、学生活动等多要素的流动，有助于落实扩优提质计划，加快构建优质均衡的基本公共教育服务体系，切实办好更加公平、更高质量的义务教育。

第三节　课后服务与学校发展

虽然课后服务是 2017 年开始通过政策文件形式正式明确赋予学校义务教育以外的新职责，但是无论是从新中国成立后的历史看，还是从 2017 年以后学校实践的现实看，课后服务都不是脱离学校原有组织运行模式而单独存在的专项工作，特别是在"减量发展"的新理念下，课后服务更不能另起炉灶单独开张，而要与学校整体发展相融合，成为学校发展的有机组成部分，为学校发展提供新动力，与原有课程的教学活动合力促进学生发展、教师发展和学校发展。

一、学校发展的理论基础

耗散结构理论常用于自然系统与社会系统的分析，主要用来解决在社会组织或经济系统中存在的不平衡现象。耗散结构理论认为，一个远离平衡态的非线性的开放系统（不管是物理的、化学的、生物的乃至社会的、经济的系统）通过不断地与外界交换物质和能量，在系统内部某个参量的变化达到一定的阈值时，通过涨落，系统可能发生突变即非平衡相变，由原来的混沌无序状态转变为一种在时间上、空间上或功能上的有序状态。这种在远离平衡的非线性区形成的新的稳定的宏观有序结构，由于需要不断与外界交换物质或能量才能维持，因此被称为"耗散结构"（dissipative structure）。在耗散结构中，大量子系统相互作用而产生的整体效应或集体效应被称为协同效应，而这个系统通过与外界交换物质、能量和信息，不断地降低自身的熵含量，提高其有序度的过程则被称为自组织。

学校发展是指学校组织为了适应不断变化的环境不断进化、更新的过程①。自组织是学校发展的内部机制，通过自组织，学校各要素间产生新的协同效应，从而达到新的有序结构。学校的环境既包括学校内部环境系统，如硬件、生源、师资、愿景、文化、特色等，也包括外部环境系统，如政策、经济、社会（社区）、科技发展情况等。学校发展变革的历史就是学校内外系统两维度双向变量中诸因素由差异到趋向协同的互缠互绕的历史，这种变化既是他组织的，也是自组织的，既是稳定的，也是突变的，是由一变多，并由多合一的差异协同过程②。课后服务作为一项外部政策，通过与学校内部系统产生碰撞与磨合，最终获得实然存在的状态，并在一定程度上影响学校组织的变革，使学校呈现出改进性的新样态。虽然课后服务源于"三点半问题"，但是从学校发展的整体视域看，它已然成为学校发展的关键事件，在外部政策的内部转化过程中撬动学校的全面更新与进化。

二、课后服务的构成要素

开展课后服务需要至少具备以下六个要素。

---

① 范国睿. 多元与融合：多维视野中的学校发展 [M]. 北京：教育科学出版社，2002：152.
② 王星霞. 学校发展变革研究 [D]. 兰州：西北师范大学，2008：154.

第一，课程。课程是对教育的目标、教学内容、教学活动方式的规划和设计，是教学计划、教学大纲等诸多方面实施过程的总和。课后服务是育人活动，课程是育人活动的载体，因此，需要通过课程对课后服务的目标、内容、方式、进程等进行规划、设计、落实，体现课后服务教育活动的规范性、系统性、专业性，确保课后服务能够有效发挥育人作用。课后服务课程与常规教学在具体目标、内容、形式等方面存在差异性，不可同一化。

第二，场地。场地是课后服务开展的物理空间。学校的物理空间应充分向课后服务开放，包括但不限于各类教室、操场、体育馆、食堂、图书馆。同时，也需要考虑是否还有校外物理空间可以利用，如周边场馆、企事业单位、社区村镇开放区域等。与常规教学的不同在于，课后服务存在课程与学生的重新组合，因此需要进行场地的重新分配。

第三，用具。这是开展课后服务的辅助工具。课后服务强调学生的主动实践与探究，因此，辅助工具更加侧重学生的操作与练习，除必要的专业设备、器材，还需要为学生学习提供其他工具，比如学案、探究记录册、答疑排班表等。

第四，教师。教师的投入决定着学校课后育人功能的实现程度。为达到理想的育人效果，让学生真正有所收获，无论是学校教师，还是社会人员均要能够根据自己的专业特长设计科学的课后服务，激发学生主动学习的兴趣，引导学生主动实现个性化发展。除承担课程任务的主责教师外，协同开展辅助指导的教师、实施组织保障的教师（志愿者）也要具有育人理念，在支撑性工作中渗透育人理念。

第五，经费。经费是课后服务运行的基础。财政经费是课后服务经费的主要来源。经费主要用于教师参与课后服务的师资费、各项活动所需设备材料的购买费、引进校外课程费等。学校应根据开展的实际情况筹措并合理使用经费。

第六，管理。管理是课后服务秩序和质量的保障。为了使课后服务各环节按目标有序运转，需要有系统化的管理支撑，包括责任分工、制度流程、规则规范、评价体系、专业建设与激励等。

通过上述要素可以看出，课后服务与学校原有运行模式既有联系又有区别。从教育规律和管理规律来说，两者具有一致性；从内容和方式来说，课后服务对学校运行提出了新的要求，这些新要求推动学校建立新的秩序，实现新的发展。

三、课后服务治理体系促进学校整体发展

系统的构成特征不能由其孤立的各部分的特征来说明，系统复合体的特征与组成元素特征相比是新的或突然发生的。[①] 整体之所以大于部分之和，是因为部分不是彼此孤立地机械运行，而是在结构关系中互相影响，进而产生出新的总体特征。因此，从系统论的基本观点出发，课后服务不是看管、教育等单项工作的推进，而是目标—活动—支持构成的结构化体系，各有分工，彼此协同，也有主次之分。

当课后服务运行系统和学校原有运行系统进行嵌套时，原有系统因为课后服务的加入而产生了新的特征，这些特征不仅存在于课后服务子系统，实质上也成为学校发展整个系统的特征。

（一）治理理念层：对学校职能和育人理念的拓展与提升

学校发展视域下的课后服务治理理念不是着眼于课后服务本身，而是着眼于课后服务引起的学校发展整体变革趋势。虽然每个学校课后服务推进的力度、方式、结果可能有所不同，但是课后服务政策的实施已经对学校原有职能发挥惯习造成冲击。即使目前从法律意义上说课后服务不是义务教育的内容，但是《教育部办公厅关于做好中小学生课后服务工作的指导意见》指出，要充分发挥中小学校课后服务主渠道作用，以政策的形式确立了中小学

---

① 冯·贝塔朗菲. 一般系统论：基础·发展·应用 [M]. 秋同，袁嘉新，译. 北京：社会科学文献出版社，1987：45—46.

校在课后服务中的主体作用。《关于进一步减轻义务教育阶段学生作业负担和校外培训负担的意见》提出，保证课后服务时间，提高课后服务质量。这表明，义务教育学校同时肩负着义务教育及延伸服务的职能，而且延伸服务也需要充分发挥育人功能，这其实是对学校职能的实质性拓展。同时，课后服务的自愿性和选择性要求学校不能简单提供"一刀切"的服务内容和形式，要丰富课后服务内容，并进一步关注学生的个性化发展需求，这也是学校育人理念的又一次发展。职能定位和育人理念的升级是课后服务治理对学校发展的关键推动。

（二）治理内容层：推动协同共治、依法治校实践体系建设

课后服务治理内容中最核心的是育人活动本身，包括：提供课后服务的具体内容，是否兼顾"五育"并举，能否有效促进学生全面发展和核心素养提升；课后服务的供给方式有哪些，是否通过灵活有效的机制充分保证学生选择权利的实现，以及服务内容与学生需求的匹配度；在课后服务与义务教育课程之间进行系统关联设计，是否形成了衔接互补的一体化设计，是否有助于发挥不同类型课程活动的独特功能，最终形成全面育人的合力。这对学校育人体系建设提出了新要求，在丰富性的同时强调了不同性质中课程育人的分工与协同，强调了学生的主动选择，强调了课程关联的论证与设计，构建了动态、灵活、连贯的学校课程生态。

对育人活动有效开展起到直接支撑作用的是管理方式。课后服务管理方式包括决策管理、过程管理、质量管理。课后服务不是原来学科教研体系和年级组管理体系的简单延伸，它的安全性、丰富性、实践性、个性化的育人特点要求在教师配置、课程开发、过程监控等方面建立新的管理秩序。因此，在决策管理上，需要建立广泛的调研和论证机制，充分考虑教师、家长、学生等各方面的基础和诉求。在过程管理上，需要调动参与积极性，建立承担不同职能的新团队，开展基于质量提升的研讨活动，同时通过制度创新、机制创新、技术创新减少跨学科、跨班级、多时段、超预定职能给师生带

来的不便，使之适应一人多位的校园新生态。在质量管理上，重点针对课后服务内容和资源建立相应的选择、实施、成效的监控标准和方式，确保高质量的供给。上述管理活动以课后服务为直接指向，但实质上推进了学校协同共治、依法治校实践体系建设的进程。管理现代化具有更为切实的实践形态。

影响育人活动和管理方式的两个重要因素是教师发展和资源保障。教师因素主要体现在教师课后服务的心理、行为投入以及能力培育上，特别是综合性教育教学设计和实施能力。资源保障因素来自政府、学校、家庭和社会。主要是学校软硬件资源、家长资源、校外资源如何有效开发与利用。教师的综合化发展以及家、校、社协同育人机制的建立，不仅为课后服务提供了有效资源，也为落实整体育人奠定了良好的基础。

(三) 治理效能层：丰富课程评价视角

课后服务的治理最终体现为治理效能。治理效能从直接感受到实际收获再到后续发展，从认同度、发展度、可持续性三个层面递进。第一，认同度，指学生、教师、家长对课后服务实施是否认同和满意；第二，发展度，指学生、教师、学校是否通过课后服务有所发展，其中，学生的获得感最为重要；第三，可持续性，指现有课后服务模式是否能够持续发展，是否形成有助于持续发展和改进的制度、机制以及其他育人的实践性知识。课后服务的三层效能评价丰富了课程评价视角，促使课程评价既关注育人目标的客观达成，也关注参与人的主观感受，同时还关注课程未来发展的空间，这一思路有助于学校建立一套多元视角的立体评价体系，从不同维度评价育人效能，为未来改进提供更为全面的依据。学校发展视域下课后服务治理框架如图1-2所示。

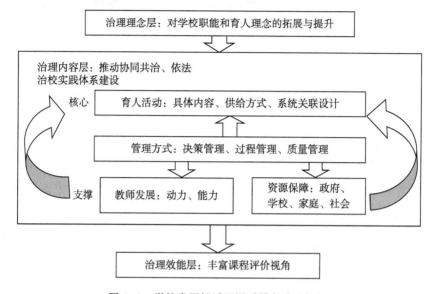

图1-2 学校发展视域下课后服务治理框架

四、学校发展视域下的课后服务行动优化

（一）重新认识课后服务的定位

课后服务已不仅是解决"三点半问题"的民生举措，更是发挥学校主阵地作用、建设高质量教育体系的新赛道。要从高质量教育体系中义务教育学校职能定位的角度阐述课后服务的意义和价值，建立新的学校职能观，扭转"课后服务是学校附加工作"的认识偏差，强化"统一+选择，课上+课后，校内+校外"的学校教育供给新格局、新生态，将建设包括课后服务在内的学校整体育人体系作为学校发展的核心工作。以课后服务为重要突破口，形成整体化、多元化、差异化的育人理念和实践方式，提升学校教育发展的适切性。基于立德树人的根本任务，进一步凸显学校育人优势和特色，打造更多吸引学生的课后服务项目，使学生爱上学、爱学习、爱探索、爱实践，更大程度地满足学生的发展需求，促进学生核心素养的形成，在提升学生获得感

和满意度的同时提升教育主阵地的教育供给能力，将课后服务质量作为办人民满意教育的重要指标之一。

（二）进行常规教育教学与课后服务的整体化设计

虽然常规教育教学和课后服务是两类法律强制力不同的活动，但是他们在育人目标上具有根本一致性，都是促进学生全面发展和实现立德树人的途径，这也是学校与其他教育机构在职责、使命与优势方面的不同之处。因此，课后服务要体现学校主阵地特征，找到与课内育人的连接点、发展点，通过整体设计的教育活动协同实现更充分的育人功能。整体设计主要体现在四个方面：一是目标的整体。完善学校育人目标体系，实现目标总体维度的一致化和课后课内具体目标的差异化。二是内容的整体。建立学校课程与活动项目群，使课后服务与常规教育教学产生内容关联，形成核心、辅助、延拓等不同内容层级，核心内容体现标准性和全员性，辅助内容和延拓内容体现差异性和选择性，为学生核心素养的形成搭建多层级支撑平台。三是方式的整体。突出课后服务实践性、综合性的特点，弥补课上教学时间、空间、人数等方面对学习方式产生的限制，为学生提供多样化的具身学习体验。四是评价的整体。将课后服务中学生的过程性表现纳入综合素质评价，更全面地为学生个性化成长画像。

（三）提升课后服务中教师课程领导力水平

学校教师是课后服务的主要承担者，其良好的专业素养是课后服务质量的根本保障。与常规教育教学相比，课后服务对教师课程领导力提出了更直接也更具体的要求。因为，课后服务中教师要结合学生特点和服务目标重新开发新的育人内容和方式，以切实发挥课后服务的实效，让学生学好、学足。首先，教师要树立课程开发的意识。虽然课程开发不是新概念，但是在以国家课程为核心的课堂教学中，由于有课标、教材、教参以及教研员的多重引领，教师课程开发的紧迫性和意义感并不明显，而课后服务没有现成的框架帮助教师形成服务内容，需要靠教师主动思考建构，因此，课程开发意识就至关重要。其次，将课程开发与个人或团队所愿及所长相结合。课后服务虽然需要回应学生的多元需求，但事实上并不可能做到全部满足，因此，课后服务质量的关键不在于内容的多少，而在于服务的专业品质。学校要鼓励甚至奖励教师结合自己的教育教学兴趣与特长开设课后服务课程与活动，在此过程中体现教师的教育追求、教育特色、教育创新，逐渐由此打造一批学校优质课后服务项目。这些项目是课后服务吸引力的核心，也是教师专业提升的平台。最后，要提升教师的综合育人能力。无论是作业辅导、学科拓展还是兴趣特长培养，都不是简单的知识和技能的训练，在设计、实施与评价中要体现对学生综合素养的关注与引导，使每一项课后服务都是经过专业设计的全面育人活动。

（四）创新工作机制减轻教师事务性负担

负担问题一直是教师管理中的痛点，课后服务客观上确实在一定程度上加剧了教师负担，课后服务以及学校其他工作的持续发展需要对此进行治理。因此，要尽可能创新工作机制，使教师安心教学、静心钻研，保障教师正常休息和专业研修的时间。学校要加强统筹管理、弹性化管理。比如，统筹管理方面，减少非必要事务性工作，根据教师不同生活和工作需求成立专项课后服务工作团队；通过网络平台减少日常师生管理层级；建立党员首发责任制；加强学生自主管理；优化教师工作绩效计算方式；引入管理服务校外资源；等等。弹性化管理方面，建立 AB 岗制度、课后服务轮班制度、工作时长积分兑换制度、错时排课制度、学生集中管理与辅导的线上线下结合制度等。总体原则就是通过制度和机制创新，扭转以往管理中的路径依赖，减少事务性工作中的人力和时间消耗，提高管理效率。

（五）加强课后服务资源的统筹与共享

为了避免课后服务个性化过程中因资源条件而造成的校际不均衡，要加强资源统筹与共享，为学校提供公平的发展条件。首先，保证课后服务资源采购专项经费的落实，对于郊区和农村学校，在经费上予以适当倾斜。其次，由学区、集团甚至市区教育行政部门统筹，推动课后服务校际资源共享，共享范围包括场馆、设施、课程、师资等，大校和名校承担一定的开放共享义务，通过跨校活动、双师课堂、教师走校等形式，促进校际均衡。最后，加大对郊区和农村地区校外课后服务资源的培植力度，丰富上述地区课后服务校外资源供给。

第四节　课后服务的育人优势

与常规课堂教学相比，课后服务在时间的灵活性、空间的开放性、生源的聚类性、内容的选择性、资源的丰富性等多方面具有更大的自主优势，充分挖掘和利用课后服务的有利条件，可以使课后服务在育人方式和育人成效上进一步彰显现代教育理念，拓宽学校教育边界，打开素质教育新赛道。

一、基于差异性的因材施教

因材施教是我国自古以来就遵守的一条教育原则。"因"指根据，"材"指资质，"施"指施加，"教"指教育。"因材施教"指针对学习的人的志趣、能力等具体情况进行不同的教育。这就要求在教育教学中要承认学生存在差异，还要能够兼顾不同的学习需求，最终在所有学生全面发展的基础上实现每个学生的学有所长。多元智能理论为因材施教提供了更具指导性的理论基础。该理论认为，学生的智能至少包括八方面，每个学生都具有在某一方面或几方面的发展潜力，教育应该为学生创设多种多样的，有利于发现、展现和促进各种智能的情景，为学生的学习提供多样化的选择，使学生能扬长避短，激发潜在的智能，将"全面发展"与"个性发展"有机地统合起来，使每个学生都能成才；由于不同的智力领域都有自己独特的发展过程和所依托的不同符号系统，因而不同的教学内容需要运用不同的教学技术，以适应不同的智力特点，即使是相同的教学内容，针对每个学生的不同智力特点、学习风格和发展方向，教学也应当采用多样化的、适应性的、有广泛选择性的教学技术。[①]

在常规教学中，义务教育课程的统一性要求教师按照学科质量标准制定教学目标，进而开展教学活动，最终确保每名学生在每个学科都达到相应标准的要求。学生在学习内容上缺少选择性，教师的教学目标、教学方法、教学进度也是以大多数学生的偏好和水平而定的。即使在一些学校进行了分层教学，也仅仅是根据学业水平表现划分，对于学生兴趣爱好、个性潜能关注不足。课后服务直接指向每个学生的发展需求。第一，通过答疑辅导，对课堂学习的个体化问题进行回应解答，拓展延伸，在制度上为学生提供了一对一的指导机会，让学生有切身的实际获得感。第二，通过丰富多样的课程选择，让学生充分发掘和展示自己的优势智能，以便获得更多的专业引领，逐渐形成个人优长。第三，课后服务打破班级壁垒，甚至打破年级壁垒，使学生更多按兴趣特长或者发展程度聚合，这有助于教师把握学情，有的放矢地制订教学计划。

二、基于实践性的素养形成

核心素养是指一个人成功应对某项工作或实际行动所应具备的综合性的素质结构[②]，由认知、情感、行为、品格等在活动中建构起相对稳定的关系所组成。实践是素养形成的载体，通过实践，学生在具体情境中对知识进行理解、体验、选择、加工、创造，不断建立对知识与知识间、知识与现象间、知识与世界间、知识与自我间关系的认识，进而建构起个人的认知体系；通

---

① 钟志贤. 多元智能理论与教育技术 [J]. 电化教育研究, 2004 (3): 7-11.
② 陈佑清, 胡金玲. 核心素养导向的课程与教学改革的特质：基于核心素养特性及其学习机制的理解 [J]. 课程·教材·教法, 2022 (10): 12-19.

过实践，学生在参与中产生文化表现、交往表现、社会表现和审美实践表现，逐渐形成带有个人特点的处事风格，实现素养结构的不断建构。

义务教育新课标强调了实践性学习的重要意义，课程改革也重视增加学科实践和跨学科实践活动，但是总体来说，课时、班额、考试评价等仍然会影响实践活动充分有效地开展。而课后服务则更容易开展实践性学习活动。第一，经过一天的课堂学习，学生需要转换学习方式，从内心渴望更具具身性的学习活动，要唤醒"身体行动的入场"；第二，没有刚性教学任务的压力，课后服务为学生创造了更加轻松自由的氛围，学生可以摆脱课堂的约束和压力，自由地发挥想象力和创造力，从实践中学习探索；第三，课后时间相对灵活，学生不受固定上课时间的限制，可以安排更充裕的时间进行实践学习活动。与课堂相比，可开展持续时间更长、更全面的项目和活动；第四，课后服务的主题可以更加多样，涵盖科学技术、人文艺术、体育劳动、社团活动等多方面。采用游戏、探究、观察、参观等实践性学习方式，提高学生的积极性和参与度；第五，课后服务可以借助社会资源，邀请专家学者、社会人士参与指导，为学生提供专业的实践指导，拓宽学习视野。

课后服务利用实践性活动为学生培养核心素养提供了良好契机，主要体现在以下几个方面：第一，培养学习能力。通过参与各种实践活动，学生可以将理论知识转化为直观经验，巩固知识理解。动手操作、探究实验能加深知识印象，激发学习兴趣。独立思考、解决问题的过程也锻炼了学习能力。第二，提高社会适应力。课后社团活动、社会实践等为学生提供了更广阔的人际交往空间。团队合作、公共事务参与培养了沟通表达、互帮互助的技能。生活实践活动则锻炼了独立生活、适应环境的能力。第三，培养创新意识。艺术创作、科技发明等实践活动为学生提供了发挥创造力的平台。动手实践、尝试探索有助于培养创新思维和勇于创新的品质。第四，提高审美素养。书画、音乐、舞蹈等艺术实践使学生接触到优秀的艺术作品，既享受艺术之美，也提高了欣赏和创造能力。日常生活的规范行为也能培养审美习惯。第五，提升身心健康。体育运动、户外活动能培养学生良好的生活方式，增强体质。

社会实践和劳动体验有助于心理调适，培养乐观向上的心态。总之，充实有趣的实践活动不仅让学生活学活用，而且在锻炼各方面能力的同时使学生掌握了生活和学习的诸多技能，为培养学生全面发展的核心素养奠定了坚实的基础。

三、基于自主性的终身学习

在传统教育学中，教育被视为发生在教师和学生之间的一种教与学的关系，教师决定了学生需要知道什么和真正知道什么，以及如何传授相关知识和技能。而自主性学习强调学习者"自我决定学习"[①]，学生把自己的学习兴趣、内在需要、学习潜能和学习活动当作自己实践的直接对象，形成个体意识，并对自己的学习内容和学习行为进行自觉的有目的的选择和调节，这标志着学生成了自觉的主体。学生自主进行深度学习、实践学习、综合学习，在做中学、用中学、创中学，逐步将学习推向深入。这种自主性是个人的核心素养之一，是贯穿终身的学习能力、学习意识和学习习惯。义务教育倡导学生自主学习，并不仅仅着眼于学生在学习过程中发挥主体能动性、主动思考和探究，更关注学生是否形成了有利终身的学习品质。

发挥自主性是学校课堂教学一贯的追求。课堂教学是落实国家课程教学任务的主阵地，学生对课堂学习的决策权相对较少，课堂教学中的自主性更多侧重于学生对具体学习问题的主动思考，对于如何让学生主动规划学习教师会进行适当点拨和引导。主动意识较强的学生可能会在课后通过作业、练习、自学等方式自行实践，主动意识不强的学生则一直处于被动学习的状态。学生学习差距的加大，很大程度是由课后自主学习能力的差异造成的。

课后服务为培养学生主动学习能力提供了直接的平台，促使学生成为主动学习者。首先，学生需要进行学习决策，判断选择自己是否需要参加课后服务，参加什么内容的课后服务。这一过程有赖于学生对自我、对课程、对

---

① 何光全. 自主性教育学的理论及实践 [J]. 现代远距离教育, 2012 (6): 17.

时间安排的综合分析与思考，选择方向和确定目标是自主性发挥的重要起点。其次，课后服务学习过程给予学生更大的自主空间，包括如何有效利用答疑辅导，如何平衡作业与兴趣的关系，在实践活动中如何设计计划、方案等，这些都是学生不得不面对的实际问题，逐渐培养学生自我调控和策略运用的能力。最后，课后服务的评价往往以作品、成果、表演等形式展现，个人表现与成果反馈密切相关，学生对自己的成果具有怎样的预期，最终是否能够达到预期，是否接受评价结果，这一过程培养了学生自我负责的态度。课后服务在自我决策、自我调控、自我负责三方面对学生的自主性进行了锻炼，为今后终身学习打下了基础。

四、基于综合性的整体育人

法国教育家雅克·马里坦（Jacques Maritain）曾说，没有什么比成为一个人更重要、更困难的了，教育的首要任务就是塑造人或者是去指导如何产生使人成为人的那种活生生的动力。因为人格的观念应当包括整体性和独立性。人之所以为人，就其存在的深层而言，他更是一个整体而非部分。① 人之初只是生物性的人，在自我与环境的互动中得到人格的丰富与完善才变成了社会意义上的人，而教育则是有目的地推动人格完善的进程。学科的划分对于人类深入了解世界具有重要价值，但是个人若想适应世界、融入世界、改造世界就不能仅靠分科知识与技能，而是要有全局眼光、全球视野、生命关怀和深刻洞见。②

课后服务实质上是为了学生的美好生活而服务，为了学生的全面发展而服务。③ 全面发展意味着学生要形成作为生活主体的综合素养，即"人在生活

---

① 联合国教科文组织. 教育：财富蕴藏其中 [M]. 联合国教科文组织总部中文科，译. 北京：教育科学出版社，1996：104.

② 杨德军，江峰. 课程整体育人的价值取向与实践路径 [J]. 课程·教材·教法，2021，41（6）：21-28.

③ 高巍，周嘉腾，李梓怡. "双减"背景下的中小学课后服务：问题检视与实践超越 [J]. 中国电化教育，2022（5）：35-41.

中参与全部活动所表现出来的整体素养"，这种综合的、全面的素养是由多种活动素养整合而成的。生活主体面向的是真实的生活，具有跨学科的素养，能够整合学科知识，应对实际生活中的复杂情境。教师在课堂教学中所能创设的情境和活动一定是有限的，并不能涵盖人的整体素养的全部范畴从而满足学生全面发展的需求。课后服务则是一种敞开式的育人方式，不强调课程的学科属性，从能够引起学生兴趣的主题入手，形成包含多方面教育内容的综合性跨学科、超学科课程，让学生多视野、多角度地进行探究和学习，弥合分科课程的局限性，塑造学生的整体能力和品格；课后服务允许校内外多元主体共同参与到学校教育活动中，学生在人与真实情境、人与社会生活的互动中生成与之相关的素养，进而实现自身的全面发展。

第二章

义务教育课后服务发展实践

第一节　国内部分地区课后服务对比研究

一、课后服务指南对比

课后服务政策是各地关于课后服务大方向的体现，具有引领行动的作用，对课后服务的实践具有重要的指导作用，清晰正确地认识各省市课后服务政策是建设高质量课后服务的前提。

对各省市的政策对比旨在促进文化交流，通过比较不同省市课后服务指南之间的特征，可以增进对彼此政策的理解和尊重，推动课后服务的交流；深化对课后服务的理解，从而帮助人们更深入地理解各省市课后服务的具体内容；了解各省市课后服务指南的差异和共性，从而提高课后服务的质量。总的来说，以下课后服务指南的对比目的在于通过对比分析，揭示它们之间的联系和差异，从而增进理解、推动课后服务进步和创新。

（一）已出台课后服务指南省级政策对比

通过比较不同省市课后服务指南之间的特征、揭示不同省市课后服务的差异和共性，可以深化对课后服务的理解，增进对彼此政策的理解和尊重，促进课后服务的交流，提高课后服务的质量，从而推动课后服务进步和创新。《义务教育课后服务工作指南》上海市版本和河北省版本比较见表2-1。

表2-1　《义务教育课后服务工作指南》上海市版本和河北省版本比较

文件名称	基本原则	需求征询	工作内容	实施要求	保障措施	校外资源利用
《上海市义务教育课后服务工作指南》	1. 以校为本，多方参与 2. 安全第一，教育为先 3. 规范管理，创新实施	1. 基本要求 2. 征询单设计与使用	1. 基于需求适当安排内容与形式 2. 开展作业辅导 3. 开展丰富多样的兴趣与社团活动	—	1. 人员管理 2. 组织与资源安排 3. 安全保障	1. 引进人员 2. 丰富资源 3. 创新方式 4. 健全机制
《河北省义务教育课后服务工作指南》	1. 以校为本，多方参与 2. 规范管理，特色发展 3. 教育为先，安全第一 4. 尊重意愿，公益普惠	—	1. 作业辅导 2. 素质拓展活动	1. 强化机制建设 2. 细化工作环节 3. 突出分类实施 4. 优化教育资源	1. 加强组织领导 2. 完善反馈机制 3. 营造良好氛围	—

（二）已出台课后服务指南市级政策对比

表2-2是多个市级层面课后服务指南的对比，主要从工作原则、需求摸排和征询、主要任务、组织实施、条件保障、质量保障与监控六个方面进行梳理。

表2-2　晋中市、苏州市吴江区、台州市、郑州市、常州市天宁区、延安市黄龙县义务教育课后服务工作指南

文件名称	工作原则	需求摸排和征询	主要任务	组织实施	条件保障	质量保障与监控
《晋中市中小学课后服务指南》	坚持政府主导，教育部门指导，学校具体负责；坚持公办义务教育学校全覆盖，有意愿参加的学生全覆盖；坚持鼓励校内教师参与并合理取酬；坚持合理定位、安全第一、作业优先、兴趣为本、活动育人；坚持学生自愿，教师志愿意愿、教师志愿	—	—	1. 实施流程 2. 组织方式：①个人活动；②社团活动；③集体活动；④跨校活动；⑤高端活动 3. 学习方式：①主题式学习；②情境式学习；③项目式学习；④综合实践活动	1. 健全工作机制 2. 开展教学研究 3. 严格经费管理 4. 加强队伍建设 5. 强化督导评价	—
《苏州市吴江区义务教育课后服务工作指南》	1. 以校为主，多方参与 2. 安全为首，育人为本 3. 规范管理，创新举措	1. 需求排摸 2. 需求征询	1. 调研和安排 2. 答疑和辅导 3. 社团和课程	校内人员： 1. 课后服务人员的管理 2. 课后服务工作的组织 3. 课后服务资源的安排 4. 课后服务安全的保障 校外资源： 1. 引入课后服务人员的要求 2. 引入课后服务资源的要求 3. 引入课后服务机制的健全		

续表

文件名称	工作原则	需求摸排和征询	主要任务	组织实施	条件保障	质量保障与监控
台州市《义务教育阶段学校课后服务工作指南》	—	1. 做好学生及家长需求征询 2. 做好课后服务方案公示 3. 做好课后服务迭代升级	—	1. 发挥在职教师主体力量 2. 形成群团组织工作合力 3. 规范校外机构进出管理 4. 落实弹性离校制度 5. 完善走班管理制度 6. 建立健全应急预案 7. 督导评价提升课后服务实效 8. 总结宣传凝聚台州典型经验	—	
郑州市中小学课后服务工作指南	1. 以校为本，社会协同 2. 面向人人，自愿参加 3. 公益惠民，提高质量 4. 规范管理，安全至上	—	1. 明确实施范围 2. 保证服务时间 3. 摸排服务需求 4. 丰富服务内容 5. 提高服务质量 6. 做好服务保障	1. 内容安排 2. 人员安排 3. 资源安排 4. 组织安排	1. 落实安全主体责任 2. 完善安全工作体系 3. 加强安全教育与实训 4. 落实卫生保健人员配备 5. 细化学生离校管理	1. 区域服务质量保障与监控 2. 学校自身质量保障与监控

续表

文件名称	工作原则	需求摸排和征询	主要任务	组织实施	条件保障	质量保障与监控
《天宁区义务教育课后服务工作指南（征求意见稿）》	1. 需求导向，愿留尽留； 2. 教育为先，服务第一； 3. 规范操作，创新推进； 4. 校本开发，多方参与	—	1. 摸清主体需求 2. 制定服务方案 3. 二次征询意见 4. 收集服务申请 5. 合理统筹编班 6. 过程动态完善 7. 阶段绩效评价	1. 课程管理 2. 人员管理 3. 安全管理	1. 组织保障 2. 权益保障 3. 绩效保障	—
《黄龙县义务教育课后服务工作指南》	1. 以校为本，多方参与； 2. 安全第一，教育为先； 3. 规范管理，创新实施	1. 基本要求： ①愿留尽留全覆盖；②多渠道排摸需求；③设置弹性预约机制 2. 征询单设计： ①征询单内容；②填写与使用；③负面清单	1. 合理安排内容 2. 加强作业辅导 3. 开展社团活动	1. 人员管理 2. 组织与资源安排 3. 安全保障 4. 校外资源利用	—	—

二、课后服务实践做法

对比国内部分地区课后服务的实践做法，对其他地区拓展课后服务思路、优化课后服务管理、明确地域特色具有启示和借鉴意义。国家在上海市、粤港澳大湾区的城市活力和宜居宜业方面做出了明确的战略定位，在此定位之下，课后服务服务学生、服务家长、服务城市发展的重任更为凸显。为此，这两地进行了积极的探索和实践，涌现出一批优秀经验。其中，上海市率先出台了《上海市义务教育课后服务工作指南》，深圳市课后服务经验被教育部遴选为义务教育课后服务典型案例，深圳市和广州市的多个区、校课后服务经验在教育部官网被报道。

（一）义务教育课后服务内容设计实践

1. 上海市课后服务内容设计：作业辅导与素质活动相结合

在课后服务的内容设计与安排方面，上海市采用分段开展作业辅导与素质教育活动的方式，满足学生全面发展的需求。在作业辅导方面，学科教师轮班为学生提供答疑解惑服务，强调对学科作业与练习的及时反馈和订正，同时针对遇到困难的学生进行个性化的补差补缺。为培养学生的创新精神与实践能力，各学校整合专业师资力量，开展实践性作业和跨学科作业指导，以促进学生素质的全面发展。在素质教育活动方面，上海市各学校利用校本特色项目、特色课程、"快乐 30 分"拓展活动等内容与形式，开展德育、科普、体育、科技、艺术、影视、卫生、急救、生命教育、劳动、安全实训等各类素质教育活动。其中，把开展丰富多彩、形式多样的体育活动作为重要内容，尽可能安排学生多参与课后体育活动。与此同时，充分利用区域校外教育资源（青少年活动中心、少年宫、少科站、劳动技术教育中心、学生社会实践基地、劳动教育基地等）和优质非学科类校外培训机构资源，不断丰富活动的内容和形式，提高课后服务吸引力。

如静安区教育局在 2019 年首创课后服务"三段式"服务样态，即"学习时刻""自主时刻""温馨时刻"。在静安区和田路小学，周一至周五 15：30 至 16：20 为"学习时刻"，做到"小学书面作业基本不出校门"，减轻家长负担；16：30 至 17：30 为"自主时刻"，满足对素养培育的个性化成长需要；"温馨时刻"则一直持续至 18：00，满足学生看护需求。每学期开学，和田路小学的每个学生都能从视觉艺术、舞美运动、科创研究、创造劳动、学科慧创等 108 项自选活动中选定自己喜欢的项目，和家长一起填写"一人一档"课后服务内容调研需求表。为了使同一活动满足不同年龄、不同水平学生的差异化需求，和田路小学在同一活动中设置了低段班和高段班，尽可能让每个学生在自己的基础上有所提高。

2. 粤港澳大湾区课后服务内容设计：托管为主，结合素质教育

广东省课后服务内容总的特点为以基本托管服务为主，与素质拓展服务相结合。在做好基本托管服务的基础上，学校结合办学特色、课程教学改革，开展有利于提升学生道德素养、身心健康水平、艺术素养和兴趣特长潜能的社团活动、体育活动、艺术活动、科技活动、劳动实践活动、兴趣小组活动等，以及由学校组织开展社会实践类参观、学习、训练、体验等活动。各项活动力求由学校会同家长委员会协商确定。

东莞市明确规定严禁开展商业推广性质的活动，不得组织开展危险性较高的活动。深圳市组织开展有利于学生全面发展与个性发展的社团活动、"校园体育一小时"、体育艺术"2+1"等实践活动，并因地制宜组织学生就近到社区活动中心、少年宫、科技馆、高科技企业、德育教育基地、博物馆、美术馆、音乐厅、文化馆等场馆，开展参观、学习、训练、体验等活动。

（二）义务教育课后服务资源渠道实践

1. 上海市义务教育课后服务资源渠道：引入校外资源，形成课后服务合力

在校外师资方面，学校不仅聘请退休教师，还引入了具备资质的社会专业人员，如教练员、艺术家、设计师、非遗传承人、科普工作者等。在校外

课程资源方面，来源广泛，包括教育系统内部资源，如青少年活动中心、少年宫、少科站等校外教育单位，以及高等院校、科研院所等。学区、集团在课后服务中共享场地、师资、课程等资源。教育系统外资源包括社区、企事业单位、相关专业团体、社会场馆等。此外，还包括经遴选符合相应要求的非学科类校外培训机构。通过签署服务协议，明确服务方式和内容，对校外资源进行监督和考核，确保服务的规范性和质量。

在充分用好线下课后服务资源的同时，各学校也灵活运用各级政府和社会提供的丰富线上资源，如国家中小学智慧教育平台、上海市中小学"空中课堂"、上海市学生体育艺术科技教育活动平台、上海市中小学专题教育平台等，拓展课后服务的在线教育内容。此外，各学校与文化旅游、科技、共青团、少先队、妇联及社区等相关单位与部门保持沟通与联系，统筹协调各类校外活动场所的资源供给，充分调动家庭和社会力量参与学校课后服务，形成家庭、学校和社会协同育人的课后服务长效机制。

如长宁区江苏路街道成立了社校联盟，坚持"共建、共治、共享"，通过"请进来、走出去"的方式，以签约服务项目、挂牌成立"校外实践基地"、聘用社区骨干为"校外辅导员"等形式为学校课外服务工作添砖加瓦，扩展学校课后服务的活动空间，让学校和学生融入社区，增强社区、学校、家庭互联互补互动，形成课后服务的新形态和新思路。

2. 粤港澳大湾区义务教育课后服务资源渠道：学校为主，多元供给

广东省课后服务一般由本校教职工承担，学校可聘任退休教师、志愿者参与，也可通过购买服务的形式购买第三方社会机构和具备资质的社会专业人士的课程。各地教育行政部门注重对第三方教育机构等教育资源的引入和管理，实行白名单管理制度，同时充分利用社会资源，并明确规定学校不得把课后服务工作完全交给第三方机构。

广州市课后服务注重统筹街道（社区）、志愿团体、家长委员会等社会资源开展。鼓励引进和利用校外资源。支持以区为单位建立一个或若干个统一平台，通过信息技术和大数据建立"线上+线下"集约高效管理模式，管理部

门实时监测分析，实现服务资源与个性化需求智能精准匹配。东莞市课后服务探索学校就近利用实践场所组织学生开展公益性研学实践活动等有利于学生身心健康及素质提升的其他活动。深圳市课后服务明确教职工参与课后服务，不得挂靠社会机构。学校课后服务吸纳包括高校教师、退休教师，少年宫、文化馆、科技馆、体育俱乐部等社会机构的教师（指导员），以及科学家、运动员、教练员、艺术家、能工巧匠、民间艺人等各领域专业人才在内的其他符合活动需求的公益人士、家长及志愿者等。

例如，华南师范大学附属小学携手非遗大师、非遗传承人打造"一班一特色，一班一非遗"校园，以自然班为单位，开设 31 个非遗课程，包括古琴艺术、纸雕艺术、戏剧文化等，丰富了课后服务的供给。同时，该校与中山大学附属第三医院、广东省红十字会签订《医校卫生应急协作机制协议》，为学生安全保驾护航。

(三) 义务教育课后服务管理保障实践

1. 上海市义务教育课后服务管理保障：积极构建课后服务支持体系

在课后服务人员管理方面，上海市注重充分利用学校内部教师资源，以本校教师为主力，挖掘其优势、兴趣和特长，并为其提供相关培训机会，以提升其参与课后服务的能力。同时，为应对教师力量不足的情况，各学校会聘请退休教师和社会专业人员等，确保服务人员队伍的多样性和专业性。各学校积极与校外服务人员进行双向沟通，帮助其熟悉学校和学生情况，同时为校外人员提供校内助教支持，协助管理签到点名、秩序维持、安全规范等工作。

在组织管理方面，上海市各学校综合利用各类教室、体育运动场馆、图书馆等教育教学空间资源，确保应开尽开、能开尽开。课后服务空间以教育教学场所和专用场地为主，保障每位学生都有适合的学习或活动空间。在课后服务结束后，根据本校学生实际，为方便学校安全管理，安排学生分批有序离校，加强校园内及校门口安保人员配备，组织教职工或家长志愿者配合护校民警或协管员维护校门口交通、治安秩序。有些小学开辟"趣乐学习中心"，使生态乐园、航空航天、创意编程、生活小妙招、弄堂游戏、足球、垒球、羽毛球、花样跳绳等活动有了广阔的空间。

在资源保障方面，上海出台义务教育课后服务经费补助标准，明确规定义务教育教师课后服务补助经费由财政予以保障，不向学生家长收取任何服务性费用或代收费。

2. 粤港澳大湾区义务教育课后服务管理保障：聚焦保障，优化服务

广东省在课后服务经费保障方面完善成本分担机制，校内课后服务产生的成本由政府、学校、家长共同承担。鼓励社会捐资支持校内课后服务工作。规范重大事项决策、资金使用等领域的监管，落实公平竞争审查机制。各方共同签订校内课后服务协议，列明服务内容、费用等事项，明确各方权责关系。

广州市建立第三方社会机构进退机制，由区教育行政部门负责组织遴选，供学校选择使用。在教职工激励方面，鼓励各区适时完善教师取酬指导标准。在信息管理与公开方面，创建课后服务管理信息平台，借助信息技术实现课后服务的项目监督管理，实现社会机构的遴选、管理、服务与绩效评价，实现项目资源信息共享。

东莞市在课后服务经费保障方面，明确学校所需经费通过财政补贴和收取服务性费用、代收费的方式解决。并明确基本托管和素质拓展服务计费以课时为计费单位；寄宿制义务教育学校对寄宿学生不得收取课后服务费。深圳市在课后服务经费保障方面，各学校课后服务专项经费预算按每生每年1000元标准作为控制数。在安全保障方面，用好涉校涉生保险，确保师生身体健康和生命安全。加强信息管理，创建课后服务管理信息平台，实现项目资源信息共享。加大宣传力度，市、区教育行政部门和学校充分总结课后服务实施过程中的好做法和新亮点，定期对成效好的学校进行案例总结和宣传推广。利用电视、网络、报纸、微博、微信等多种渠道定期对服务开展情况进行宣传报道，发挥积极正面的导向作用，引导全社会和广大家长积极支持、参与并监督课后服务工作。

以广州市华南师范大学附属小学为例，家长在课后服务机构决定、课程选择、质量监管中用足"话事权"保障课后服务质量。第三方机构由学校和家委会共同选定，报名机构提供资质证明、活动方案、报价等，教师和家委会一起按照相关规定进行资格审查和初筛。评选出平均分85分以上的机构，择优选择两家机构进入校园。选择两家机构的优势是不会造成垄断，可以形成良性竞争，也可以起到互相监督的作用。在信息管理与公开方面，学校引进"430课后管理平台"，教师可在平台及时更新课上动态，还可以从平台导出学生成长档案袋，进行校本课程的开发。不仅如此，学生家长可在这个平台完成缴费、补退费、调班等事项。信息平台给家长和学校带来极大的方便。

(四) 义务教育课后服务监管机制实践

1. 上海市义务教育课后服务监管机制：多手段提升课后服务水平

上海市在保障和监控课后服务质量方面采取了多种手段，以确保服务的有效实施和不断提升课后服务水平。为了规范引入非学科类校外培训机构，上海市建立了相关制度，包括完善进入与退出机制。通过数据核查、调研、责任督学的日常督查等手段，及时了解课后服务的开展情况，并对学校提出改进意见。这种监控机制确保了课后服务的规范性和高效性，为学生和家长提供了可靠的课后服务。

各区教育行政部门定期和不定期通过多种方式收集学生和家长对课后服务的意见与建议，包括随机调查、网上问卷和座谈会等。这种多元的反馈机制有助于全面了解课后服务的实际效果，也为及时改进提供了有效的信息。学校通过问卷调查、座谈会和随机访谈等形式，主动收集学生和家长的反馈意见，以评估其对课后服务的满意度并发现可能存在的问题。这种定期的调查不仅有助于提升课后服务的质量，还加强了学校与家庭之间的沟通与合作。

2. 粤港澳大湾区义务教育课后服务监管机制：压实工作责任，强化监督管理

广东省课后服务注重压实工作责任，强化监管，切实提高校内课后服务

水平。落实包括课后服务经费监管机制、课后服务组织监管机制、强化督导评价、加强信息公开及管理等多项举措。利用义务教育课后服务开展情况直报系统，由专人负责随时汇报课后服务开展情况。并将课后服务纳入市县级政府履行教育职责评价指标体系。

东莞在课后服务组织保障监管方面：一是落实工作责任，落实学校校长第一责任人制度，一镇一策、一校一案。二是落实激励监督，引导家长委员会积极参与学校课后服务工作，组织热心家长到校内开展志愿活动，对学校课后服务开展情况进行监督。三是加强督导评价，将评价结果作为学校评先树优和校长职级评价的重要依据，每年认定一批课后服务示范校和示范单位。四是强化安全防控，做到确保安全。

三、案例启示

课后服务是准公共服务，涉及家庭层面、学校层面、政府层面等利益相关者，因此要考虑不同主体的利益，在平衡利益诉求中找到最大张力。就各利益主体而言，家长的诉求是学生安全安置、为未来学业成就和素质发展奠定基础。学生自身除了安全安置诉求外，还有寻求个性化发展、培养自身核心素养的诉求。学校的诉求是完成课后服务任务、提升育人质量和育人能力、突出学校特色、提升学生满意度。教师的诉求是完成岗位职责、提升育人成效、促进专业发展。政府的诉求是解决义务教育"三点半难题"、发挥学校教育主阵地作用、提升学校整体育人水平。整体而言，两个案例的课后服务考虑了各方主体的利益诉求，满足了各方主体的基本需求，基本实现了"5+2"课后服务模式全覆盖。其中给予我们的启示有以下突出四点。

（一）结合学校实际，提供力所能及的服务

义务教育课后服务要考虑学校的实际供给能力，不能一味地求多求新，避免增加学校负担。具体而言，应首先满足学生托管的基本需求，保证学生三点半以后的安全安置需要。在此基础上，结合学校实际情况，提供优质多元的课后服务内容，满足学生个性化发展的需要。例如，广东省的《关于进一步做好义务教育校内课后服务工作的通知》明确提出课后服务以基本托管服务为主，与素质拓展服务相结合。

(二) 关联设计，素质拓展与课堂教学相呼应

义务教育课后服务素质拓展活动与学校育人目标相一致、与学校课堂教学相配合，这样能够更好地满足学生、教师、学校等利益相关者的高层次诉求，为落实育人目标提供新路径，为探索教师育人方式提供新实验场，促进教师专业发展、提高育人质量。以广州市优质学校华南师范大学附属小学为例，该校课后服务基础托管和素质拓展相结合，素质拓展课程涵盖传统文化、非遗课程、健康体育、科技创新、综合艺术、兴趣思维、语言能力七大项，这些课程与国家课程、地方课程、校本课程共同形成学校课程结构整体模块。

(三) 多部门联动，合力推进课后服务

义务教育课后服务中采取"政府主导、学校主体"形式，同时结合其他多方力量共同运作。在事务管理上，教育行政管理、财政、发展改革、市场监管、人力资源保障、安全消防、卫生防疫等政府职能部门承担课后服务的具体责任。在师资来源上，以学校为主体，拓展多种师资渠道，吸纳教育系统内外各领域专业人才参与课后服务。在资源统筹上，以区为单位建立信息平台，实施集约高效管理，实现报名选课、评价反馈等功能。在质量监控上，成立由学校和家长代表组成的遴选小组，对校外课后服务资源的资质和服务质量进行评价。广州市课后服务政策中明确提出，各区应建立和完善政府指导、部门联动、学校主体、社会参与、家长支持的校内课后服务共建、共治、共享工作机制，"一区一策"完善校内课后服务工作的具体实施办法，完善课后服务经费保障机制，加强统筹与领导，明确部门职责，落实工作责任。

（四） 搭建平台，展示学校课后服务亮点与成就

让课后服务成为学校发展的新赛道，为学校提供课后服务经验与成果的交流展示平台，把课后服务作为学校评价和校长评价的指标之一，树立义务教育课后服务典型示范学校，体现学校新成就，增强学校将课后服务办精办优的内驱力，创设正面积极的舆论氛围和监督环境。深圳市的教育行政部门和学校充分总结课后服务实施过程中的好做法和新亮点，定期对成效好的学校进行案例总结和宣传推广。利用电视、网络、报纸、微博、微信等多种渠道，定期对课后服务开展情况进行宣传报道，引导全社会和广大家长积极支持、参与并监督课后服务工作。东莞市提出将课后服务评价结果作为学校评先树优和校长职级评价的重要依据，每年认定一批课后服务示范校和示范单位。

一方面，以上的有益经验，从切合学校实际、关联设计、多部门联动、搭建平台激励展示等方面优化北京市义务教育课后服务的相关工作；另一方面，北京市作为首善之区，要着眼于更高的质量标准，要基于立德树人的根本任务，发挥首都教育和科技资源优势，更大程度地满足学生发展需求，为学生提供多样化、个性化的学习机会，在提升学生获得感和满意度的同时提升教育主阵地的教育供给能力，提升办学活力，促进学校教育高质量发展。

第二节　中小学课后服务实践现状——以北京为例

自 2017 年《教育部办公厅关于做好中小学生课后服务工作的指导意见》颁布以来，课后服务就成为义务教育学校改革探索的又一新领域。2021 年，中共中央办公厅、国务院办公厅印发《关于进一步减轻义务教育阶段学生作业负担和校外培训负担的意见》，对课后服务内容与形式又做出进一步的规

定，北京市相应文件随后出台，学校课后服务工作被推上新台阶。课后服务的意义和价值已不仅仅在于为"三点半问题"提供管理与保障，更在于它成为健全学校育人体系、提升学校育人质量的重要组成部分。特别是"双减"以来，课后服务关系到育人方式、治理方式、教师发展、资源保障等多个方面，从事实上撬动了学校整体发展与变革。

为了了解课后服务对学校发展促进作用的现状，2022年10月，北京教育科学研究院基础教育科学研究所在全市开展了问卷调查，对调查问卷数据进行分析研究，对课后服务是否促进义务教育学校发展进行现状判断，发现当前义务教育学校课后服务存在的一些困难和问题，提出相关对策与建议，以期有针对性地为后续提升课后服务质量、促进义务教育学校发展提供参考。

一、调查设计

（一）政策依据

项目组认真研究《教育部办公厅关于做好中小学生课后服务工作的指导意见》《关于进一步减轻义务教育阶段学生作业负担和校外培训负担的意见》《北京市关于进一步减轻义务教育阶段学生作业负担和校外培训负担的措施》《北京市关于做好中小学生课后服务工作的指导意见》等政策文件，对涉及课后服务的有关要求、任务、工作进行了梳理。

（二）调查工具编制

调查工具为项目组编制的校长问卷和教师问卷。项目组围绕本次调研目的，依据"双减"政策文件和课后服务政策文件等，参考前期座谈会收集的相关信息以及研究文献确定课后服务校长问卷和教师问卷的五个维度：育人方式、治理方式、教师发展、资源保障、成效情况。

（三）调查抽样

调研组依据分层抽样原则，在北京市所有区发放校长问卷，按照各区学校数、学校类型和城乡比例共抽取 200 所学校，要求这些学校的校长实施网上作答，实际有效作答校长人数为 192 人。按照各区学校数量和教师数量、学校类型和城乡比例共抽取 1 万名教师实施网上作答，实际有效作答学校教师人数为 9399 人。

本次回收校长问卷 192 份，有效率为 96%。其中，城六区（东城、西城、海淀、朝阳、丰台、石景山）回收问卷 101 份，占总回收问卷份数的 52.6%。其他区回收问卷为 91 份，占总回收问卷份数的 47.4%。

本次回收教师问卷 9399 份，有效率为 93.9%。其中，城六区（东城、西城、海淀、朝阳、丰台、石景山）回收问卷 5162 份，占总回收问卷份数的 54.9%。其他区回收问卷为 4237 份，占总回收问卷份数的 45.1%。

二、课后服务与学校育人

中共北京市委办公厅、北京市人民政府办公厅出台的《北京市关于进一步减轻义务教育阶段学生作业负担和校外培训负担的措施》指出：充分用好课后服务时间，指导学生认真完成作业，对学习有困难的学生进行补习辅导与答疑，为学有余力的学生拓展学习空间，开展丰富多彩的科普、文体、艺术、劳动、阅读、兴趣小组及社团活动。这是育人方式在学校原有课程体系之外的拓展和补充，是学校自主发展的空间。学校一方面落实政策要求，另一方面结合本校实际情况，进行了大量探索性实践，在育人方式方面呈现出以下三个特点。

（一）课后服务"五育"并举，体现了学校特色

课业答疑辅导类、体育锻炼类、劳动教育类、音乐艺术类、阅读活动类、

科学创新类、德育活动类等内容在课后服务中每项开设率都达到 90% 以上，说明学校普遍重视在课后服务中落实"五育"并举、立德树人，促进学生全面发展。上述活动除课业答疑辅导外，其他均体现出较强的实践性，62% 的学校还设计了走出学校的实践活动，其中 14% 的学校经常有走出学校的活动，体现了课后服务与课上学习不同的学习方式。

虽然课后服务内容分布类似，但实际运行中，学校普遍比较注重与本校原有文化特色相结合。56% 的学校主动将学校文化融入课后服务的开发中，41% 的学校根据学校育人目标或资源条件在课后服务中开设了特色课程。课后服务成为体现学校文化、彰显学校育人特色的重要平台。

小学和初中的课后服务内容存在差异，小学课后服务的丰富性高于初中，小学延时托管比例高于初中。小学、城区学校更加注重课后服务对学校文化的体现，初中、乡村学校更加注重课后服务中的特色课程。镇区学校课后服务的丰富性低于城区和农村学校，镇区学校的延时托管比例高于城区学校和农村学校。

（二）课后服务着眼学生差异，回应了不同需求

课后服务弥补了班级集体教学中对个体关怀不足的问题，为学生个性化发展提供了更广阔的空间。调查显示，68% 的学校每天都会为学生提供自主选择的课后服务内容，22% 的学校实现课后服务 100% 自主选择。在课业辅导方面，针对学习困难学生进行辅导、针对学有余力学生进行提升拓展、针对学生所提问题的个性化答疑与指导三类个性化指导的实施比例在 96% 以上。答疑与指导中，最普遍的做法是建立多学科教师全程或轮流值守答疑辅导制度（96%），其次是教师主动邀约部分学生进行当面指导（88%），难能可贵的是，85% 的学校建立了鼓励学生主动找教师提问的制度，此举进一步推动学生从"要我学"变为"我要学"，学校成为满足自主学习需求、支持自主学习实施的场所。城乡学校在课后服务内容自主选择性上差异不大。

（三）课后服务系统规划，推进了整体育人

虽然"双减"政策的颁布对学校课后服务提出了更为具体和严格的要求，使学校一开始处于紧急应对状态，但是通过一段时间的运行，多数学校都主动将之纳入学校整体育人体系，从系统布局的角度进行了一体化的关联设计，以期充分发挥课后服务的育人功能。一方面，80%以上的学校对常规教学和课后服务进行了关联设计，第一，在学习内容上呼应衔接（92%），第二，在学习方式上前后互补（90%）和在教学管理上同步一致（88%），第三，形成包括常规课程和课后服务的一体化课程实施方案或计划（82%）；另一方面，为了提高课后服务的质量，六大类课后服务内容纳入整体教研计划的比例达到80%以上，其中体育、劳动、音乐艺术达到90%以上。

城乡间、学校间一体化差异较大，城区学校形成完整一体化课程方案的比例最高，达到86%，乡村学校较低，仅为69%。

三、课后服务与学校治理

课后服务的最终执行者是教师。面对超出原来岗位职责的新工作内容，教师如何自觉、自愿、有序、高效地投入课后服务工作，学校需要在充分尊重和爱护教师的前提下进一步激发教师潜能，发挥教师的主体作用，在决策、分配、激励、保障、评价、技术支持等多方面进一步体现自主化、民主化、制度化，而这也加速了多元共治、依法治校的学校治理进程。

（一）决策与评价主体体现了多元性

课后服务方案的制定是一个集体论证的过程。在制定现有课后服务方案的过程中，约95%的学校都分别正式征求了教师、中层、领导班子的意见，87%~90%的学校正式征求了家长和学生的意见，同时还有36%和51%的学校分别正式征求了专家和行政领导的意见。可见，对于专业方案的出台，学校

采取了民主和科学的态度，汇集不同相关主体的意见，最大程度地确保其完善性和共识性。这是学校专业建设中集体决策的一个重要事件。

与集体决策相呼应，在课后服务评价上，学校也体现了较明显的多主体特征。上述决策主体都不同程度地参与到课后服务评价之中，但是整体比例较决策时分别都有所降低，说明从学校个体来说，评价的参与主体少于决策参与主体。从评价方式来说，首要方式为针对家长和学生的调查（92%），其次为学生参与率（88%），此外还有课后服务执行人总结与汇报（81%）、学生的表现与成绩（80%）、领导观察与感受（68%），以上这些反映出课后服务评价既关注过程又关注结果。

在课后服务决策方面，乡村学校的教师、家长、学生在制定课后服务方案中参与率比城市和镇区学校高，学校中层和专家的参与率比城市和镇区学校低。在评价主体上，镇区学校课后服务评价主体更为多元。

（二）制度管理体现了系统性

通过调研可以判断，北京市义务教育课后服务的校内管理正在从应急阶段走向稳步阶段，最直接的体现就是多数学校都已经形成了课后服务完整的规范和制度体系。其中，84%以上的学校在安全管理、学生考勤、应急预案方面建立了完整的制度体系，66%~75%的学校在教师弹性上下班、教师课后服务绩效考评、教师课后服务激励、课后服务质量综合评价、校外资源管理等方面建立了完整的制度体系。但同时不容忽视的是，仍有16%~34%的学校虽然有相关制度，但是不成体系，甚至还有一些学校在有些方面没有相应的制度。

制度体系中进展最慢的是弹性上下班制度，已形成体系化制度的比例最低（65%），没有形成制度的比例最高（13%）。还有一批学校虽然建立了相应制度，但是效果不够理想，因此没有形成完整体系。影响弹性工作制的原因，首要的是人员相对短缺，其次为业务工作烦琐、协调工作繁杂和实际工作时间延长。

镇区学校在弹性工作制方面问题最为突出，和城区学校、农村学校相比，镇区学校没有建立弹性工作制度的学校比例最高，已试行但效果不理想的比例也最高。

（三）教师分工体现了统筹性

课后服务需要教师承担更多的职责，对于职责的分配，65%的学校采取先由教师个人申报，学校再统筹安排的方式，34%的学校直接由学校分配。个人申报给予教师更多自主发挥和自主选择的空间，教师可以结合个人兴趣、特长、生活条件等选择更为适合的工作内容。

课后服务对传统组织结构和教师分工体系造成了冲击，以学科或者年级为建制的组织管理体系不能满足课后服务需要，69%的学校对教师进行校内重组，统筹使用。80%的学校在原有组织结构之外又新成立了专项工作组。其中，课程管理组、学生管理组、安全保障组是最为普遍的三个专项工作组，此外还有数据统计组、活动信息组、科研组、质量监控组等。

（四）教师激励与保障体现了人文性与导向性

调查显示，对于参与课后服务的态度，30%的教师表示很愿意，60%的教师表示服从安排，10%的教师明确表示不愿意，这说明学校推进课后服务工作确实存在一定难度。为保障教师合法权益，激发教师参与课后服务的积极性，学校普遍重视教师激励与保障。

首先，学校着力解决了教师的现实问题，这些问题按学校关注度排序依次为：身体健康问题、心理压力问题、专业发展问题、家庭关照问题、基本生活问题、事务繁杂问题。

其次，学校通过津贴和评优倾斜等方式对教师进行激励。绝大多数学校是根据课时数量计算津贴数额，还有部分学校考虑了课程研发难度和课程成效。对于目前的课后服务津贴发放，88%的学校和76%的教师没有异议。镇区学校对课后服务津贴的满意度相对较高。与此同时，83%的学校在评优评先中对课后服务参与教师进行倾斜。

（五）信息技术的运用体现了全面性

在课后服务中，信息技术发挥了重要的工具支持作用，贯穿于工作全过程。信息技术使用最高的领域为课程资源建设，其他方面还包括教学设计、线上课、排课、选课、安全管理、信息发布、教学交流与研讨、评价过程记录、大数据诊断。其中，48%的学校利用信息技术进行了大数据诊断，虽然与其他各项相比比例相对较低，但是反映了循证研究这一工作路径的变革，是学校教育教学研究向专业化迈进的表现。

四、课后服务与教师专业发展

教师是立教之本、兴教之源，课后服务最终需要依靠教师落实，课后服务的育人质量最终要以教师育人能力为支撑。

（一）部分教师参与课后服务热情高且有长远规划

整体来讲，教师群体开展课后服务的态度较为积极。在课程开设上，半数以上的教师对教好课后服务课程有信心且有长远规划；在课程实施上，60%以上的教师认为自己能够调动学生的学习兴趣且和学生相处融洽；在课程评价上，62%以上的教师认为自己的课程受到学生的欢迎和领导的认可。

教师群体中认为自己喜欢开展课后服务的教师占到42.9%，认为自己和课后服务学生关系融洽的教师占到67.8%，有59.7%的教师对于自己教好课后服务课程很有信心。最为可贵的是，有50.8%的教师对课后服务课程有着长远的规划，同时有64.5%的教师认为自己可以在开展课后服务时调动学生的兴趣。可见，不少课后服务教师存在热情高的情况，但是知识与能力配不上，可以对课后服务教师进行专业培训，弥补此类情况。

喜欢开展课后服务的正高级教师比例占到57%，未定级教师比例为51%，初级教师、中级教师、高级教师喜欢开展课后服务比例分别为 45%、48%、40%。换言之，职称系列中，两端的教师比中间的教师更喜欢开展课后服务。

（二）教师在课后服务上有系统专业知识和能力的需求

专业知识和专业能力对教师的挑战存在差异。知识层面，科学和人文方面的知识对教师来说最有挑战性（25%），然后对教师存在挑战的知识依次是实际教学情境所需知识（22%）、本学科专业知识广度和深度（21%）、教育学和心理学知识（20%）。能力层面，跨学科教学能力对教师来说最具挑战性（29%），其次是运用信息技术的能力（24%），然后依次为组织管理能力（22%）、编排教学呈现内容能力（21%）和教学评价能力（21%）。

校长和教师都认为课后服务对教师的专业知识和能力挑战很大。53.1%的校长认为课后服务对教师的学科专业知识广度和深度挑战大。75.2%的教师认为科学和人文方面的知识最具有挑战性。

校长和教师对于专业能力的挑战认识不一。65%以上的校长认为课后服务对教师的课程开发能力、教学活动设计能力、作业设计与评价能力等方面的能力挑战大，而教师认为这些能力对其挑战大的占比不足30%。可见校长和教师对于课后服务带来的教师专业能力的挑战认识是不一致的。

教师职称不同，专业知识和能力的挑战也存在差异。知识层面，33.5%的正高级教师和24.3%的高级教师认为课后服务对教育学和心理学的知识挑战大，而抱有这种认识的未定级和初级教师分别为16.4%和17.1%。能力层面，认为课后服务对专业能力挑战大的正高级教师为32.3%，高级教师为64.9%，而未定级教师为25.1%，可见不同职称教师的课后服务基准性素质存在差异。

五、课后服务与教育资源开发

引入优质校外资源，有利于丰富学校资源开发形式，促进学校推动课后服务常态化和规范化。2022 年 5 月 31 日，北京市教育委员会、北京市财政局、北京市经济和信息化局颁布的《关于进一步做好采购义务教育阶段校外优质教育资源有关工作的意见》提出，支持采购校外资源，丰富校内教育资源供给，优化学校教育教学管理，减轻校内教师负担，让每个学生在校内能够学得会、学得好、学得足。

(一) 学校主要引入课程资源类校外服务，发挥兴趣与特长培养职能

北京市教育委员会颁布的《采购校外优质教育资源指导性目录》中提出，"课程资源类""管理服务类""其他资源类"为采购的主要三种类型。① 在调查学校中，有 77% 的学校引进了非学科培训机构进行课后服务。同时，集团、学区等其他学校资源、少年宫、青少年活动中心、少年之家、高校与科研院所、博物馆、公益组织、退休教师、志愿者等也成为学校引入资源的形式之一，占比为 25%~43%。将社区或者村镇资源引入学校的仅有 25%。

这些校外资源主要承担着兴趣与特长培养的职责，支持学科与学习资源拓展，辅助学校开展综合实践活动，还有的学校利用校外资源进行常规学业辅导。

校外教育资源存在城乡差异。农村学校对校外资源充分性发挥的整体满意度最低（城区学校 91%，镇区学校 92%，农村学校 75%）；相比而言，校外机构的兴趣与特长培养职能在城区校发挥最为充分（城区学校 71%，镇区学校 65%，农村学校 63%）；学科与学习拓展职能在农村校发挥最为充分（城区学校 13%，镇区学校 7%，农村学校 19%）；综合实践职能在镇区校发挥最为充分（城区学校 10%，镇区学校 23%，农村学校 13%）。从校外资源类型来说，城区学校对高校与科研院所资源的占有比例最高（城区学校 34%，镇

---

① 课程资源类资源是帮助学校和教师开展教育教学工作的线上和线下资源，能够有效丰富校内供给，同时减轻教师负担，包括课堂辅助教学资源、课后服务资源、教师专业能力提升资源、数字教学平台等。管理服务类资源是运用信息化手段帮助学校和教师提高教育教学效率的辅助软件平台，包括教务管理平台、教师教学评价分析平台、学生学业质量监测分析平台、学生综合素质监测分析平台等。其他资源类指除课程资源类和管理服务类外的其他资源，包括学生社工服务资源、家庭教育指导服务资源、心理健康体检干预资源等。

区学校 29%，农村学校 12%），而农村校在退休教师、志愿者方面的资源占有比例最高（城区学校 25%，镇区学校 30%，农村学校 35%）。

（二）学校主动寻找校外资源，实现内外互补

2022 年，北京市教育委员会颁布《关于进一步做好采购义务教育阶段校外优质教育资源有关工作的意见》，提出要坚持内外互补，义务教育学校的教育教学和课后服务要坚持校内为主，允许采购校外比较成熟的优质教育资源，与校内资源形成优势互补，提升校内教育质量。在已有的课后服务中，87% 的学校主动寻找校外资源，半数以上学校延续了之前的合作，说明有半数左右的学校有引入校外资源的基础。其中区域统筹占到了 34%，说明部分区域在课后服务中发挥了较为关键的作用。

家长也成为课后服务资源的组成部分。调查显示，84% 的学校在课后服务中都一定程度地使用了家长资源。除评价和宣传外，家长资源对课后服务的贡献还有服务保障（38%）、资源引入（32%）、课程（活动）开发与实施（22%）。

城市的课后服务校外资源基础高于农村，70% 的城区学校和 67% 的镇区学校延续了之前与校外机构的合作，而仅有 47% 的农村学校延续了之前的合作。机构自我推荐在镇区学校更容易获得成功，近半数（49%）镇区学校使用了自我推荐的机构，而仅有 24% 的城区学校和 25% 的农村学校使用了自我推荐的机构。农村校家长课后服务参与率低于城市和镇区近 10 个百分点。

（三）引入校外资源质量保障手段多样，公开透明

为保障校外资源质量，有 89% 的学校采用校内多主体评估机制，有 83% 的学校使用校务会审查机制，此外还有试用机制（74%）、行政认可（50%）、第三方评估（28%）等多种方式。教师层面，68.34% 的教师认为本校通过班主任向家长传达，通过学校媒体平台进行传达的占比为 22.49%。

同时，90% 以上的学校向家长公开了课后服务的时间安排、内容安排和

组织形式，76%的学校向家长公开了课后服务安全保障措施，有70%的学校向家长公开了服务师资来源。

对于校外教育机构的课后服务质量，学校提出的改进之处首要为师资力量（90%），其次为课程内容（86%），再次为教学形式（73%）。可见，一方面，学校对校外教育机构有着较大的需求；另一方面，学校对校外机构的教育供给质量在专业性上还有更高的要求。

六、课后服务与学校发展整体成效

经过2017年以来的逐步探索，直到"双减"背景下的大力推进，课后服务越来越成为学校工作不可或缺的一个组成部分，也成为学校发展过程中的关键事件。现阶段，对于课后服务与学校发展的关系，不同学校的认识和成效判断还存在差异，但是从整体上说，持肯定态度的学校居多。

在对课后服务与学校发展关系的认识上，40%左右的学校表示非常认同课后服务是学校发展的重要机遇，这部分学校意识到课后服务在学校课程教学、育人质量以及教师专业发展方面能够为学校提供更大的动力和空间，学校独特的教育理念、教育方案能够依托课后服务充分实施。

在课后服务的实际成效上，学校最认同的是减轻家庭支出负担（86%），其次为促进学生核心素养的提升（83%），最后是促进学校的特色发展（82%）。可见，课后服务对学校发展的促进作用是整体性的、全面性的。

在课后服务减轻学生负担上，79.1%的学校认为课后服务减轻了学生的课业负担，这可能源于课后服务给予了学生自习和答疑的时间。

不同类型的学校对于课后服务评价不一。92.7%的十二年一贯制学校认为，课后服务是学校课程教学发展的机遇；而九年一贯制和完全中学将其视为机遇的比例为62.1%和69.0%。93.3%的其他优质资源引入校认为课后服务减轻了家庭支出负担，而高校（教科研机构）附属（实验）学校认为课后服务减轻家庭支出负担的比例为77.7%，不同类型学校间存在差异。

在课后服务促进教师专业发展、资源开发等方面存在城乡差异。81.2%的农村学校和74.4%的镇区学校认为课后服务是教师专业发展的机遇，而支持课后服务是教师专业发展机遇的城市学校占比为69.1%。81.6%的城市学校认为课后服务激发了开发学校教育资源的创新性实践，而镇区学校比例为74.4%，农村学校比例为62.4%。在课后服务促进育人方式变革、课后服务模式常态化等方面，城乡学校的认识差异不大。

校长和教师对于课后服务的发展都提出了自己的想法。校长认为在课后服务上，师资和资金不足、资源和场地不足和工作量大是最迫切需要解决的五个问题。而教师认为，工作时间太长、负担重、工作量大、资源和人员短缺是亟须解决的问题。

第三节　中小学课后服务发展路向

一、坚持育人导向，突出价值引领

课后服务作为学校教育的重要一环，应以"立德树人"作为开展课后服务活动的根本任务和行为导向，提升服务过程中的育人属性。坚持以习近平新时代中国特色社会主义思想为指导，在课后服务中引导学生形成的正确价值观念、必备品格和关键能力，引导学生坚定"四个自信"，继承和弘扬中华优秀传统文化、革命文化和社会主义先进文化，树立正确的世界观、人生观、价值观。

课后服务是学校开展素质教育的重要载体，着眼于培养学生成为德智体美劳全面发展的人才，丰富发展环境和学习内容，通过个性化、实践化、综合化的课后服务内容，延伸核心素养发展整体链条，为学生全面发展提供教育支撑。在课后服务时间内开展体育活动、劳动实践、科普和兴趣社团活动等，让学生自主选择课后活动，实现个性自由发展，为学生全面发展注入

"源头活水"，培养学生核心素养。

二、坚守公益原则，发挥主阵地作用

课后服务作为"准公共"性质的教育产品，应明确自身价值定位，坚持公益性原则。市区两级政府应进一步完善课后服务的经费保障制度，对课后服务经费实现政府财政投入全覆盖。学校充分发挥教育的主阵地作用，承担开展课后服务的主体责任，积极协同家长和社会力量为学生提供高质量的课后服务，促进学生课后时间在校内实现全面和个性化发展。

三、一体化设计，助力学生核心素养

基于系统理论和协同理论视角，学校的课内和课后时间段内的教育应各有职责、相互联系、相互补充。第一，明确课内和课后时间段学校教育的差异性和统一性。二者在教学目标、教学内容、教学手段等方面均有不同，但又统一于学生全面发展的总体育人目标。第二，课后和课内教学内容一体化设计。建立学校教学内容项目平台或课程包，使课后服务与常规教育教学在学习目标、核心主题等方面进行关联，层层递进，让学生在课堂内学习的知识在课后服务中实现拓展、延伸，在课后活动中对核心学习内容进行实践体验，助力学生核心素养的形成。第三，教学方式一体化设计。让学生围绕同一主题，以不同的学习方式进行体验式学习，将书本知识的学习与实践探索相结合，培养学生自主学习能力、团队协作能力和创造性思维。第四，评价方式一体化设计。将课后服务中学生的过程性表现纳入综合素质评价全过程。摒弃单一的分数评定方式，为学生建立在校学习期间的成长档案，对学生课上学习、课后服务活动参与、家庭内表现形成全过程画像，为学生形成多元主体评价。

四、资源均衡统筹，建设共享平台

统筹学校、社会、家庭多方课后服务资源，破解课后服务资源来源单一的困境，促进课后服务优质均衡发展。第一，充分统筹各方资源，从师资资源上，鼓励学生家长、退休教师、在校大学生、非学科类校外教育机构教师、民间艺人、运动员等多方主体参与到学校课后服务中来，为学生开设具有地方特色的课后服务课程。从场地、设施等硬件资源上，积极推动学校与少年宫、博物馆、科技馆、美术馆、大学、企业、"白名单"非学科类培训机构等开展合作，完善"馆校合作""校企合作"等多种课后服务协同育人渠道，助力课后服务突破时空局限。第二，优化城乡间课后服务资源配置，为落后地区学校开展课后服务赋能倾斜更多资源。政府应促进课后辅导的硬件设施资源和教师资源更多向乡村地区倾斜，向各地区教育水平较低的学校倾斜，建立起区域内课后服务资源共享平台，建立起双师课堂、跨校教学、教师走校等课后服务均衡发展机制，发挥区域、城市和优质学校优质资源的辐射带动能力。

五、使用数字赋能，打破时空区隔

利用大数据和信息技术为课后服务赋能，打破学校教育的时空区隔，全面提升课后服务的质量水平。第一，数字赋能助力丰富课后服务内容设置。积极利用国家智慧教育公共服务平台，完善北京市中小学智慧教育平台，为课后服务提供海量的课后服务课程资源包、教材包和丰富的课后服务实践案例，让课后服务发展水平较为落后的学校学习先进的课后服务教育经验。利用学校信息技术设备，为学生提供多样化的课后服务学习内容，让学生在校内享受"名校名师"的课后学习活动。第二，以信息技术改进课后服务教学方式和手段。利用3D打印技术、增强现实（AR）技术、投屏技术等创新科技，帮助学生身临其境学习自然地理变化、科学实验方法、生物探索等方面的知识，实现课后服务教学手段的革新。利用人工智能技术、大数据计算等手段让学生深刻体验现代社会的技术变迁，拓宽学生的学习视野，培养学生的科学素养。第三，以技术手段完善课后服务管理机制。利用自媒体平台、学习软件平台、社交媒体平台等公开学校课后服务内容设计、师资力量、服务模式、收费情况等内容，增进家长对学校课后服务的信任程度。通过社交平台收集学生和家长的课后服务需求，让课后服务更切合学生和家长的课后学习意愿，提升学生和家长的满意度水平。通过媒体平台、社交软件畅通家、校、社沟通渠道，邀请家长、社会机构等多方主体参与课后服务的设计、开展、监督、评价全过程，发挥课后服务在家、校、社协同育人中重要的纽带作用。

六、理论推动实践，构建协同共治

建立市、区、校协同的课后服务治理体系，构建课后服务多元治理格局。以学校为课后服务开展主体，联动市教育委员会、公益组织、大学和科研机构等多方力量，统筹促进课后服务质量提升。行政部门为课后服务资源统筹提供政策支持，建立课后服务引入第三方机构的遴选机制，动员社会力量参与课后服务治理。加大对优质创新的课后服务案例学校的宣传力度，为全市学校开展课后服务提供参考，加强家长对课后服务的理解和信任。大学和科研机构与中小学合作开展行动研究，科研机构形成课后服务实施方案，并在中小学进行课后服务实践，形成"行动方案—学校实践—问题改进—完善方案"的循环，以理论推动实践，以实践激活理论。中小学积极发挥本校教师、集团校教师等师资力量，形成课后服务课程教研方案和教师培训方案，并主动对接校外教育机构，为本校课后服务发展赋能。在多元协同治理过程中为课后服务发展提供多方力量。

第四节　中小学课后服务开展的原则与目标

一、基本原则

（一）面向全体，愿留尽留

课后服务面向全体义务教育阶段的学生。严格遵循学生自愿参加原则，对于有参加意愿的学生，学校做到应留尽留，不得强制要求学生必须参加。实现课后服务对所有义务教育学校、所有工作日、所有有意愿学生"三个全覆盖"，在满足学生基本需求的基础上不断提升服务质量。

（二）育人为本，整体设计

突出课后服务的育人功能，以核心素养为导向，统筹课内课外两个时段、校内校外两类资源，把课后服务纳入学校育人体系进行系统规划、整体实施。充分发挥课后服务对课内学习的巩固、延伸、拓展作用，实现两者的衔接互补。

（三）尊重差异，注重实践

尊重学生身心发展规律，根据学段差异和个体差异，在课后服务中强化因材施教、分段设计、自主选择，满足学生差异化需求。课后服务突出综合性、实践性活动，让学生在参与、体验、探究、创造的过程中，夯实基础，激发好奇心与求知欲，培养创新思维和学习能力。

（四）因校制宜，规范持续

根据学校办学理念、师资基础、内外资源、课程特色、生源诉求等具体情况，制定符合本校特点的课后服务方案。在实践基础上不断推进课后服务组织、实施、保障的制度化、规范化，形成适合学校实际的课后服务管理机制，建立有助于课后服务持续推进的管理和保障体系。

二、主要目标

（一）家庭方面

减轻家庭教育实际负担，促进学生在校内学足学好，完成大部分作业，适当培养兴趣、发展特长，解决家长不能及时接孩子的现实困难。

（二）学生方面

丰富教育供给，促进学生核心素养发展，为学生提供多样化的学习内容和活动方式，一定程度地满足个性化学习活动的需求。

（三）学校方面

彰显学校育人特色，带动学校管理变革，促进学校治理体系建设和治理能力提升，形成育人新生态。

第三章

义务教育课后服务系统规划

义务教育课后服务系统规划是开展课后服务的基石，即在课后服务开始前对其进行全面谋划，主要包括两个关键方面：整体设计和方案规划。整体设计是对课后服务系统进行全方位的规划和构思，旨在确立其目标、范围和基本框架。这一阶段的工作涵盖了对课后服务的整体理念和愿景的明确定义，明确服务的对象群体和服务内容。方案规划则是在整体设计的基础上，制定本校独特的课后服务方案和具体实施细节。这一阶段的工作涉及制定方案的前期、中期及后期过程，目的是将整体设计转化为切实可行的行动计划，确保课后服务能够有效地落实到实际操作中。

第一节　课后服务整体设计

课后服务的整体设计旨在满足学生全面发展的需求，为其提供综合性的支持和指导。在此过程中，课后服务与课内教学密切衔接，形成一个有机的育人体系。

课后服务与课内一体化设计相互融合，打破了传统教育模式中课内学习与课外服务划分的界限，使学生在学习过程中能够得到更加连贯和有机的支持。例如，课后服务可以帮助学生巩固所学知识，并通过个性化的指导帮助他们更好地理解和应用所学内容。

课后服务分年级侧重，以满足不同年龄段学生的学习需求。因为不同年级的学生面临着不同的学习挑战和发展需求，通过分年级侧重的课后服务设计，学校可以更好地满足学生需求。比如，针对小学生，课后服务可以注重多样化的素质拓展和启发性的综合性活动；而对于初中生，则可以提供更加深入和系统的答疑，以帮助他们巩固基础和提升能力。

课后服务内容分层次地安排，以满足学生个性化的发展需求。由于每个学生的学习节奏和兴趣爱好各不相同，因此，课后服务的内容应该根据学生的不同需求进行分层次的安排。例如，针对学习进度较快的学生，可以提供更具挑战性的学习任务和深入研究的机会；而对于学习进度较慢的学生，则可以提供更多的辅导和个别指导，以帮助他们缩短知识的差距。通过这样的分层次设计，课后服务能够更好地满足学生的多样化需求，并协助他们实现个人学术和全面发展目标。

通过课后服务的整体设计，我们能够为学生提供一个全面而系统的学习环境，促进他们在学校中获得全面而均衡的发展。

一、课后服务一体化设计

课后服务不是简单的看护服务，而是一项促进学生全面发展、激发学生潜能的教育教学活动。学校应该着眼于学生的长远发展，致力于提供形式多样、内容丰富、知行结合的高质量课后服务，[①] 将课后服务纳入教育教学总体安排，对课内课后教育活动进行一体化设计，构成学校全过程育人的完整链条。一体化综合性的设计让课内课后教育优势互补，形成育人合力，确保学生在整个学习过程中得到全面的支持和指导。

---

① 徐用祺，钟志勇. "双减" 政策背景下课后服务问题研究：基于网络社交平台的大数据分析 [J]. 中国青年研究，2022 (7)：56-63.

在育人目标方面，课后服务支持不同需求学生的个性化发展。针对学生的特点和需求，课后服务提供相应的辅导和指导，帮助他们在学习上取得更好的成绩，并培养其全面发展的能力和素养。

在育人内容方面，课后服务突出其拓展性与特色化。除了对基础知识的巩固外，课后服务还提供更广泛的学习机会，如拓展课程、科学实验、社会实践等，系统构建和完善以学校育人目标为核心的课后服务课程体系，[①] 激发学生的兴趣和创造力，培养他们的创新思维和解决问题能力。

在育人方式方面，课后服务强调自主性和实践性学习。学生可以根据自己的兴趣和能力选择参与不同的课后活动，并通过实践来巩固和应用所学知识。这种方式能够培养学生的自主学习能力和实践能力，提高他们的综合素质和竞争力。

通过将课后服务与课内教育相结合，学校可以充分发挥课内课后教育的优势，形成育人合力。课后服务支持个性化发展，课后服务具有拓展性特色，能够与课内教育的系统性和深入性相互补充，共同构建一个全面而有力的育人体系，课后服务与课内教育进而形成合力，为学生提供全面而有意义的育人经验。一体化设计将有助于培养出具有综合素质和创新能力的未来人才。

学校要构建完整的课后服务课程体系。比如，北京市朝阳区教育研究中心附属学校围绕"培育阳光智慧学子"育人目标，加强"课内外一体化"课后服务的实践与研究，从人文与社会、科学与创新、艺术与审美，生活与健康、劳动与实践五个维度，整体建构了独具特色的纵向贯通、横向融合的阳光智慧课后服务课程体系。[②]

学校要在课后服务开设的全面性、内容的丰富性方面进行设计。比如，清华大学附属中学广华学校小学部构建全覆盖、全学科、全过程的课后服务体系。其中：全覆盖是指周一至周五每天开设课后服务，并以年级为单位设计个性化、差异性的课后服务课程活动表，人人一张个性化的课表；全学科

① 周洪宇，王会波. 中小学课后服务功能如何优化：基于系统论视角 [J]. 现代教育管理，2022（8）：1-10.
② 案例来源：北京市朝阳区教育研究中心附属学校喻江、张山青。

是指每个年级在不同时段，既有语数英分类辅导答疑形式的课程，也安排了涉及各个学科、各个领域的课后服务选修课程菜单；全过程是以"双减"工作为核心，打通课内与课后，链接校内与校外，关注学生的全过程成长，促进学生德智体美劳全面发展。[①]

二、课后服务分阶段有所侧重

课后服务在时空设置、内容设置上都要尊重学生身心发展规律和学生实际需求，为不同阶段的学生提供适切的支撑。

（一）根据学情进行课后服务时间设置

根据学情定制化地设置课后服务时间是提高课后服务满意度的重要策略。考虑到不同群体的需求，学校可采用更为个性化、弹性化的管理方式，设置2~3个时段，实施分层供给，弹性离校，分批次放学。初中学校或者初中学段根据本校实际，自行决定是否开设晚自习，晚自习结束时间原则上不晚于20：30。

对于服务时间的设定，要考虑学生的年龄和注意力周期。小学阶段的学生可能需要较短而频繁的时段以保持注意力集中，而中学生则可能需要更长的连续时间来深入探究攻关。同时，课后服务时间也应留有足够的弹性，以适应学生突发的学习需求和家庭事件。

这种根据不同学情定制化设计时间的方式能够保障学生在最佳的状态中进行学习和开展活动，有助于激发学生的素养潜能，促进其全面发展。比如，北京市第八中学京西附属小学在课后服务时间、空间划分上，采取定制化设计。考虑到低年级学生的认知能力和注意力有限，1~2年级课后服务时段的课程时长由40分钟+40分钟组成；3~6年级课后服务时段则由60分钟+60分钟组成。同时，学校注重年级课表与课后服务的衔接，将"双基""双素"

---

① 案例来源：清华大学附属中学广华学校小学部王岚、胡萍。

混合安排，融合实施，使学生劳逸结合。①

（二）一段一案，课后服务内容设置有所侧重

在"五育"融合的前提下，学校提供给不同阶段学生的课后服务内容应有所侧重。学校应细心审视学生的特点和需求，不断优化服务内容，确保每位学生都能在适合的学习环境中得到优质、有效的教育支持。教师应遵循学生身心发展和教育教学规律，在有限的时间内充分激发学生的主体意识，为学生愉悦、自主、有效实现自我提升提供课程与活动支持，在开展同一类型的活动时也为不同年龄段的学生提供不同的活动主题。②

对于小学一年级新入学的学生而言，课后服务的主要目标是帮助他们适应新的学习环境和融入校园生活。在这一阶段，课后服务可以提供一系列的适应性活动，如校园探秘角色扮演、团队游戏和故事讲述，旨在增强学生对新环境的了解与融入，提升社交能力、合作精神和学习兴趣。通过这些活动，学生可以在轻松愉快的环境中了解学校的规则，建立与同学和教师之间的良好关系。

进入小学中低年级阶段，课后服务的重点转向兴趣启蒙和综合实践拓展。在这一阶段，学生具有强烈的好奇心和求知欲，课后服务应提供各种探索性学习活动，如科学实验、艺术创作和体育活动，以激发学生的探索兴趣和创造潜能。同时，通过组织各类文化体验和社会实践，如参观博物馆、参与社区服务和环保项目，帮助学生建立与现实世界的联系，拓宽他们的视野。

在小学中高年级阶段，课后服务则更加注重兴趣特长的培养和学科实践的拓展。随着学生个性和特长的逐渐显现，课后服务可以提供更专业的指导和资源，如音乐、美术、编程等方面的深入学习，以促进学生在特定领域的进一步发展。同时，通过学科拓展活动，如科学探究项目、思维游戏和写作

---

① 案例来源：北京市第八中学京西附属小学蔡理希。

② 朱丘毅，冯昌扬. 日本图书馆课后服务的实践及思考［J］. 图书馆学研究，2022（9）：73-83，101.

工作坊，使部分对学科学习具有更强兴趣的学生获得进一步发展。

到了初中阶段，课后服务的内容则侧重于全面支持和指导学生的个人发展，以及学科知识的巩固与延伸。这一阶段的课后服务应关注学生的心理健康、学业规划和生涯发展，提供心理咨询、学习方法指导和职业探索等服务。同时，帮助学生在面对更高学术挑战时保持竞争力。同时，对于在某些方面具有浓厚兴趣的学生，可以赋权成立自治社团，培养学生的自主探究能力。

通过分阶段定制化的课后服务，更精准地对接学生在不同成长阶段的需求，让教育资源发挥最大的效能。

一种可行的路径是遵循教育规律和儿童发展规律，针对不同年龄学生的学情，分年级优化课程设置，即"一级一案"。比如，板厂小学的中低年级注重基础课程激发兴趣，高年级强调拓展研究课程培养探究意识与综合素养。目前，中低年级重点开设了传统文化、道德法治、劳动技术等基础课程，着力激发学生的学习兴趣；高年级则重点开设了运动、科技、实践研学等拓展研究课，着力培养学生探究意识与综合素养。[①]

另一种可行路径是在低年级实施普及与提高相结合、中高年级实施传统与特色相结合的课后服务课程。比如，燕山向阳小学低年级以集体兴趣培养和特色项目推进相结合的方式开展课后服务。一年级和二年级全员开设魔方、跆拳道、轮滑等课程，在此基础上选拔有特长的学生开设轮滑提高班为学校滑冰队提供储备人才。中年级关注与科学相关的课外活动，如3D打印、电子技术、科学探索等项目。高年级重点将传统文化与特色课程相结合，逐渐把素质类课后服务项目打造成为学校的品牌项目。[②]

三、课后服务分层提供

课后服务通过组织兴趣社团活动，开展分层分类指导等方式，允许学生

[①] 案例来源：北京市东城区板厂小学冯雅男、赵淑繁。
[②] 案例来源：北京市房山区燕山向阳小学田学奇。

在自主选择学习内容和学习方式的过程中开展补充性学习和拓展性学习，做到因人而教和因材施教。① 课后服务鼓励在同一年级或同一学段内设置不同层次、不同类型的课后服务内容，为学生提供按需选择的机会。

（一）课后服务分层个性化辅导

根据学生的学业水平和学习需求，在对学生进行作业辅导的过程中坚持因材施教的教育原则，针对学习情况不同的学生开展个性化的辅导和解疑，使学生在完成作业的同时也能实现个性发展。②

对于基础层次的学生，重点在于巩固核心概念和基础知识，提高他们的自信心和学习兴趣。可通过图形、故事和互动游戏等多样化的教学工具，使学习变得生动有趣，帮助学生打下扎实的基础。对于中等层次的学生，则更加注重培养解决问题的能力和扩展知识的应用范围。可通过讨论、实验、案例分析等方式，激发学生的探究精神，引导他们运用已学知识解决实际问题，从而深化对学科知识的理解。对于高层次的学生，应侧重于挑战性任务和创新性学习。通过提供高阶问题解决、批判性思维培养和创新性实践等活动，激励学生探索学科前沿，促使他们在特定领域深入研究和创新。

此外，课后服务的个性化辅导还应涵盖跨学科学习，鼓励学生将不同学科的知识融会贯通，发展综合素养。教师可以组织项目式学习、主题研究等跨学科教学活动，帮助学生建立知识间的联系，提升综合应用能力。

在实现课后服务分层个性化辅导的过程中，不同学校采取了各具特色的方法。比如，在黑山小学，学生可以根据自身实际情况选择课业辅导（提优补差）、素质拓展和学生自习三个板块的内容。学校关注不同层次学生的学习需求，以练习题为载体，开展语文、数学和英语学科分层课业辅导。以年级组为研究团队，结合日常教学内容以及学生能力水平，组织完成 A 组提升练

---

① 康丽颖. 促进儿童成长：课后服务多元主体协同育人探讨 [J]. 中国教育学刊，2020（3）：22-26.

② 陈鹏，余倩怡. "双减"格局下课后服务治理及行动逻辑 [J]. 中国教育学刊，2023（9）：54-59.

习和 B 组巩固练习，学生自主选择，教师适时引导。① 例如，在密云区第六中学，学生根据自己的学习情况，自主报名、自愿参与，学校整体统筹开班数量和指导教师。根据报名结果，每天安排一个学科，以年级为单位分层进行。对于学困生，教师重点指导其完成当天作业；面对中等学生，教师主要提升其能力；面对优秀学生，教师主要提升学生的学科素养和综合能力。②

（二）特色课后服务分层提供

课后服务可以为学生提供不同层次、不同类型和灵活多样的教育选择，③ 学校课后服务各类拓展项目也正逐渐走向分层化、个性化。为了充分顾及每个学生的实际水平和需求，许多学校已经将课后服务课程进行了细致的分级，以提供更加精准的教育支持。从舞蹈到武术，从美术到书法，各种课程都根据难度和技能要求划分成多个层级，以满足不同学生的学习和发展需求。

初级层次的课程针对刚入学或基础较弱的学生，侧重于基本技能的培养和基本习惯的养成。通过初步体验、扫盲解秘、专题学习等生动有趣的教学活动，帮助学生找到兴趣方向。在这一阶段，教师的角色更像是引导者和激励者，帮助学生建立自信，逐步适应学校生活。

中级层次的课程适合已掌握基础知识且具有一定学习能力的学生，注重知识的应用和拓展。通过科学实验、艺术创作、语言表达等形式多样的活动，培养学生的实践能力和创新思维。例如，通过戏剧表演课提升学生的口语表达能力，通过编程课引导学生探索科技的奥秘。在这一阶段，教师作为指导者和协助者，鼓励学生在探索中学习，在实践中进步。

高级层次的课程则面向那些有明确兴趣方向或特殊才能的学生，重点在于深度学习和专业培养，满足学生的个性化需求。在这一阶段，教师作为专

---

① 案例来源：北京市门头沟区黑山小学任全霞、杨慧贤。
② 案例来源：北京市密云区第六中学郝爽。
③ 杨红. 课后服务的功能与价值：基于美国课后服务的观察［J］. 教育研究，2022，43（11）：77-88.

业的导师，提供更深入和精准的指导以及在更大更高平台展示锻炼的机会，帮助学生在兴趣领域达到更高的成就。

特色课后服务的分层课程设计不是学习内容的简单分配，它代表了一种教育理念——尊重每个学生的独特性，为他们搭建合适的学习平台。学生可以根据自己的实际情况和兴趣爱好选择适合自己水平的课程，既不会因过难而感到沮丧，也不会因过于简单而失去兴趣。这种教育模式不仅有助于学生在特定领域逐步提升自己的技能，而且能够更好地激发他们的学习热情和探索精神。学校通过这种精细化的课后服务课程设置，旨在帮助每个学生发现自我潜能。

其可行路径包括在各种类型课程中设置精品班和普及班，满足学生的不同兴趣和需求。例如，昌平区二毛学校根据学生的实际水平，在舞蹈、武术、美术、书法等课程中均开设精品班和普及班，既满足学生的不同需求，又实现学生的特色发展。[1] 也可以针对单一类型课程设置分层课程，满足不同学生提高培养兴趣、探究能力和创新素养的需求。例如，北京第一实验小学将参与科技类课后服务的学生分为三部分：第一部分是热爱科学，乐于参加科技类活动的学生，组成科技类兴趣小组，重在兴趣的培养；第二部分是具有一定的科学知识储备、初步掌握探究方法、有研究能力的学生，组成科技校队，重在探究能力的培养；第三部分是具有一定自主学习能力，乐于从生活中发现问题，利用所学科学知识和能力，解决生活中的实际问题的学生，组成创新课程班，重在创新能力、科学素养的提高。[2]

第二节　课后服务方案规划

在设计课后服务方案的过程中，贯彻"一校一案"的原则至关重要，即

---

[1]　案例来源：北京市昌平区二毛学校申静。
[2]　案例来源：北京第一实验小学吕蕊、王鑫、康争、张煜、杨燕萍。

根据学校的实际情况和学生群体的特点来定制每个方案。这不仅要求学校详细规划课后服务的时间安排、内容体系和活动方式，还需要在实施场所、师资分配、资源支撑等方面做出周密安排。同时，在方案设计的过程中，需要考虑到过程要求、质量评价以及应急预案等方面，确保方案的全面性和可行性。此外，方案的设计和实施是一个动态调整和持续完善的过程，需要定期收集反馈并根据反馈意见更新方案，以确保课后服务的质量与时俱进。

一、征集多方建议

（一）多渠道与过程化征集建议

课后服务方案的设计是一个需要多方广泛参与的开放性过程，而多样化渠道的建议征集则是确保这一过程能够充分反映各方需求和期望的关键一环，需要构建有效的信息沟通机制，进行及时、准确、完备的信息交流。[①] 除了传统的问卷调查、家长会议、学生座谈会、教师研讨会等形式外，学校还可以探索更多创新的渠道，如社交媒体平台、手机应用程序等，以确保覆盖更广泛的受众群体。通过这些渠道，不仅能够收集到更多样化的意见和建议，还能够更及时地获取反馈信息，有助于方案设计更贴近实际、更具前瞻性。在征集建议时，注重过程化。这不仅意味着在方案设计的不同阶段都需要进行意见征集，而且意味着要在方案实施后持续收集反馈，确保方案始终保持活力并满足学生的实际需求。过程化建议征集要求我们建立起一个长效机制，这一机制应能够保证信息的及时更新和传递，确保每项建议都能得到认真考量，并在可能的情况下将其反映在方案中。

为了更好地吸引不同群体的参与和关注，要注重建立一个包容性的文化氛围，鼓励不同声音的表达和交流，避免任何一方的意见被忽视或边缘化。只有在一个开放、包容的环境中，才能够真正实现各方利益的平衡和整合，

---

① 廖思伦，程红艳."双减"政策执行的制度困境及其纾解［J］．当代教育科学，2022（12）：85-95.

推动课后服务方案的持续改进和发展。

此外，学校要重视数据的分析和利用，在收集建议的过程中不仅要关注意见和建议的数量，还要关注其质量和价值。学校可以借助现代技术手段，对收集到的大量信息进行深入分析和挖掘，基于数据的诊断机制不仅能够优化课后服务项目的供给侧结构，同时也能满足学生以及家庭的课后需求。[①] 通过发现其中的潜在规律和趋势，为方案设计提供更科学、更精准的参考依据。

在征集多方建议过程中，不同学校侧重关注不同主体，利用不同方式。例如，门头沟区龙泉雾小学通过领导小组、教师会议等方式，征集意见，进行方案设计。龙泉雾小学成立课后服务活动中心，成立以校长为组长的课后服务工作领导小组，成员包括学校行政人员、教研组长和班主任代表，多次召开领导小组及全体教师会议，进行广泛的调研、讨论，集思广益，围绕课后服务怎么开展、时间多长、辅导课程如何设计、延时后家长接送途中安全隐患等问题进行研究讨论，明确工作思路，确定服务项目内容，完善工作流程。[②] 又如，延庆区西屯中心小学过程化征集学生和家长建议，不断完善方案设计。自开展课后服务以来，西屯小学坚持每学期初、期中、期末进行学生和家长问卷调查，通过调查问卷分析了解到，多数家长和学生认可学校科技特色，希望学校加大力度培养学生的科学素养，还对体育、艺术类社团提出了明确的意见建议。[③]

（二）充分识别与分析需求

方案设计的前期阶段，充分识别和分析各方需求是确保方案能够真正贴近实际、有效实施的关键一环。首先，需要明确学校的整体情况和背景，包括学校的历史沿革、办学理念、教学资源等方面的情况，以便为课后服务方案的设计提供基础资料和背景支持。同时，重视学校的特色和优势，充分挖

---

① 于洋，潘亚东. 美国课后服务运行模式与保障机制研究［J］. 外国教育研究，2022，49（10）：60-73.

② 案例来源：北京市门头沟区龙泉雾小学刘军艳。

③ 案例来源：北京市延庆区西屯中心小学唐明芳。

掘学校的教育资源和潜力，为方案的定位和目标提供参考依据。

其次，要深入了解学生的需求和特点，包括学习习惯、兴趣爱好、心理健康等方面的情况，以便为他们提供更有针对性的课后服务。可以通过学生座谈会、问卷调查等形式了解学生的意见和建议，从而设计出更符合他们实际需求的方案。同时，要注重建立一个持续性的反馈机制，不断收集学生的反馈信息，及时调整方案，确保方案的有效实施和持续改进。

再次，要与家长和教师进行密切沟通和交流，了解他们对课后服务的期望和建议，及时调整方案，满足他们的需求。学校应主动承担与家长的沟通和引导工作，向家长传达课后服务对于学生全面发展的价值，并解释减轻学生课业负担、治理校外培训机构乱象、缓解学业内卷化竞争与课后服务之间的深层次内涵。① 通过组织家长会议、教师座谈会等形式的活动，听取他们的意见和建议，从而更好地制定课后服务方案。

最后，要关注其他利益相关方的需求和意见，如地方教育行政部门、社会组织等，他们的参与和支持也是方案设计和实施中不可忽视的重要因素。可以通过与他们的合作和沟通，获取更多的资源和支持，推动方案的顺利实施和持续发展。重点分析学生、家长、教师、中小学校、教育行政部门等核心利益相关者的利益诉求，以提出科学规划设计高质量中小学课后服务方案的基本方法。②

例如，北京市第五十中学和海淀区中关村第二小学都充分识别和分析了学生、家长和教师的需求，并据此完善了课后服务方案设计。在工作筹备阶段，北京市第五十中学在初中年级面向全体学生和家长做了问卷调研，以文字回执的形式收集了学生及家长的意见，切实摸清了学生对课后服务的需求和想法。同时，学校通过办公室和年级组两个渠道，进一步全面了解了初中

---

① 高巍，杨根博，龚欣."双减"政策下中小学课后服务实施质量研究：基于7省25区县的实证调查 [J]. 宏观质量研究，2023，11（6）：120-128.
② 唐晓辉，赵艳林，邓燕，等. 高质量中小学课后服务方案设计研究 [J]. 中国教育学刊，2022（6）：29-34.

教师的实际生活情况。[①] 北京市海淀区中关村第二小学从学生的真实需求出发，制定了校级课后服务调研方案，对全校 1~6 年级学生进行调研。通过调研数据了解到，不同年级的学生对于课后服务的需求并不相同。如低年级段更侧重在科技、艺术等提升学生素养类的课程及活动；中年级段侧重提升全学科的综合素养；高年级段则更偏重对学科核心知识及探究方法的研究，据此完善课后服务方案设计。[②]

二、制定校本方案

（一）统筹协调与支持保障

在制定"一校一案"课后服务方案时，资源整合与支持保障是至关重要的一环。首先，需要全面审视学校现有的资源情况，包括人力、物力、财力等方面。通过调查研究，了解学校的资源优势和不足，明确所需补充或整合的资源。

一方面，要充分利用学校的内部资源，如教室、图书馆、实验室等，合理规划课后服务的场所安排。另一方面，也要寻求外部资源的支持，可以与社区、企业、公益组织等建立合作关系，以获取更多的支持和帮助。

在资源整合过程中，需要建立起科学的管理机制，规定分年级每周开展文体或社团活动的课时数、开展作业辅导的课时数、学生参与率以及课后服务质量评价的具体等级和标准等，[③] 明确资源的使用流程和责任分工，确保资源的有效利用和长期可持续发展。同时，也要注重资源的更新，不断提升学校的课后服务水平和竞争力。

另外，在支持保障方面，学校领导和管理者要给予充分的支持和关注，

---

① 案例来源：北京市第五十中学魏艳辉。
② 案例来源：北京市海淀区中关村第二小学王迎新。
③ 曾新，杜鑫华. "双减"背景下农村学校"减负提质"的影响因素及改进策略：基于扎根理论的探索性研究［J］. 华南师范大学学报（社会科学版），2023（4）：17-34，205.

为课后服务的实施提供必要的政策、经费、人力等支持。同时，重视教师工作的自由选择权，通过满足教师日常工作与生活需要，提升教师参与课后服务的情绪态度与价值追求，从而激发教师参与课后服务的积极性。[①]

通过资源整合与支持保障，可以为"一校一案"课后服务方案的顺利实施奠定坚实的基础，为学生提供更加优质的教育服务。

在此过程中，可以梳理现有资源，为课后服务提供支持保障。例如，北京第二实验小学，课程安排、德育、教学、人事、财务、后勤等多部门协作，仔细梳理学校课后服务师资、场地、设备、经费等方面的现有资源，明确后续须统筹协调的实际需求，为学校课后服务有序推进提供支持保障。[②]

通过统筹教师资源，重组课后服务模式。例如，北京市丰台区长辛店第一小学针对教师的供给需求，分批次对不同岗位的教师进行调研。先调研占学校教师总人数一半的科任和后勤教师，调整课后服务方案，即周三、周五安排科任和后勤教师中有意愿服务又有专长的教师在课后服务时段开展社团活动；周一、周二、周四安排语数英和有意愿参加这三天的科任和后勤教师看管学生。根据再次调整的课后服务方案，学校又征求了语数英教师的需求。全部征求完教师的需求后，本着自愿参与、择优择专的原则，在原有课后服务模式的基础上进行重组。[③]

（二）制定个性化方案

不管是宏观的制度安排，还是微观的规定要求，学校在开展课后服务时必然会根据本校实际情况进行适当调整，才能发挥制度体系对于提高工作有效性的最大价值。[④] 学校按照"一校一案"的原则不断完善本校课后服务具体实施方案，明确课后服务时间安排、内容体系、活动方式、实施场所、师

[①] 高巍，杨根博，龚欣. "双减"深化期如何提升教师参与课后服务的积极性：基于四省中小学教师调查的实证研究［J］. 教育与经济，2023，39（5）：36-44.

[②] 案例来源：北京第二实验小学王金莉、冯辉、胡敏莹、梁华培。

[③] 案例来源：北京市丰台区长辛店第一小学樊淑伟。

[④] 谢泽源，余必健. 中小学课后服务制度体系：目标、构建与实施［J］. 教育学术月刊，2023（6）：49-56.

资分配、资源支撑、过程要求、质量评价、应急预案等事项。方案应在学校集体会议上宣讲，全体教师知晓并遵照执行。

"一校一案"的实施原则是课后服务方案设计的核心。这意味着方案应当充分考虑到每所学校的具体情况，包括学校文化、教育理念、学生特点、资源条件等。在明确课后服务的时间安排时，要考虑到学生的作息时间、学习负担和家庭状况；在内容体系的构建上，要兼顾知识学习和技能培养，同时注重兴趣激发和个性发展；活动方式的设计要创新且富有吸引力，能够激发学生的参与热情。

实施场所应符合安全规范，并具备适宜的教育功能。师资分配要科学合理，确保教师有足够的专业素养和教学能力。资源支撑则要依托于校内外的教育资源，包括图书、教具、场地等，同时利用现代信息技术提升教学效率。过程要求明确每一环节的操作规范，质量评价建立起一套完整的评价体系，以促进服务质量的持续提高。此外，应急预案的制定是为了确保在遇到突发事件时，能够迅速有效地应对，保障学生的安全和教学的正常进行。

方案应在学校集体会议上宣讲，确保全体教师知晓并严格遵守。这一过程要求校领导过问、部门密切配合，形成全校上下一致的执行力。

有些学校通过优化整合资源，稳步推进个性化课后服务。例如，北京市西城区五路通小学优化整合校内外资源，实施课后服务五步走，稳步推进课后服务工作：第一步，早调研，先谋划，保证课后服务有效开展；第二步，定制度，重实效，保障课后服务高效进行；第三步，有创新，保品质，促进学生全面发展；第四步，展成果，促提升，确保课后服务高质量；第五步，严管理，重考核，保证课后服务落实到位。[①]

有些学校通过结合校本特色和教研成果，形成本校特色方案。例如，北京市通州区芙蓉小学将课后服务与学校特色、校本课程相结合，组织教师以教研组为单位，结合"芙蓉花开多元融通"的五全认知课程体系研发课后服务课程，完善了"1（校内研发）+1（外聘团队）+1（家长课程）"三线并

---

① 案例来源：北京市西城区五路通小学刘瑞连。

行的课程模式，优化了平台选课、平台管理的运行机制，初步构建了家、校、社协同育人的新样态，明确了课后服务人员安排、职责要求、内容设置、检查评价、安全保障等具体内容，实现闭环管理。[①]

三、反馈完善更新

（一）广泛宣传和动员

对"双减"政策有怎样的政策感知，关系着政策实施的有效性和科学性。[②] 广泛的宣传和动员也是确保课后服务方案能够充分吸引和动员各方参与的重要一环。在宣传方面，不仅要注重传统媒体渠道的利用，如校园广播、学校网站等，还要积极拓展新媒体渠道，如微信公众号等，以便更好地覆盖不同年龄段和群体的受众。同时，要注重信息的多样性和趣味性，使宣传内容更具吸引力和感染力，能够引起受众的共鸣和关注。此外，要注重建立一个长期稳定的宣传机制，不断推出新的宣传活动和项目，保持受众的新鲜感和参与度。

在动员方面，可以采取多种形式和手段，如组织专门的动员活动、建立志愿者团队等，以激发各方的参与热情和积极性。可以利用校园文化节、主题活动周等时机，开展课后服务宣传和动员工作，吸引更多师生和家长的关注和参与。同时，要注重个性化和差异化的动员策略，针对不同群体和个体的特点和需求，采取有针对性的措施，使动员工作更具针对性和有效性。此外，要注重持续性和系统性的宣传和动员工作，不能只局限于某一个阶段或某一个活动，而是要建立起一个长期稳定的机制和体系，不断推动各项工作的深入开展和持续发展。只有在一个全方位、多维度的宣传和动员体系的支持下，才能够真正实现课后服务方案的广泛参与和共建共享，推动方案的持

---

① 案例来源：北京市通州区芙蓉小学张明、武丽颖。
② 罗枭，侯浩翔. 义务教育阶段教师对"双减"的政策感知分析与改进建议［J］. 中国电化教育，2022（3）：22-29.

续改进和提升。

有些学校对家长开展相关政策解读，以获得家长对课后服务的支持。例如，北京市石景山区古城小学通过家长信、公众号等渠道对家长开展政策解读；通过家长会将学生的课后服务方案与计划告知家长；通过线上家教讲堂，推送科学育儿、依法带娃的法规和理念；通过专题调查问卷、日常家访收集家长意见建议，适当调整工作方法；通过学校动态反馈的方式，向所有家长宣传和通报学校"双减"工作进展和成效，增进理解和支持，实现家校"双减"合力。①

有些学校通过会议等形式，使参与主体掌握课后服务实践，为改进课后服务工作贡献力量。例如，北京市史家小学通州分校每周的校长办公会中，负责领导细致汇报每周课后服务活动社团的开展状况，分析优点与不足及棘手问题形成的原因，对当下不足及棘手问题进行及时的干预解决。在重要的时间节点及校级新要求传达时，学校通过不定期召开"课外活动外聘机构负责人工作会"的形式，向第三方机构负责人进行要求传达并监督落实情况。②

（二）接受反馈与持续改进

课后服务方案的设计和实施是一个动态的过程，需要不断地根据实际情况进行调整和完善，进行周期性评价和反馈，以促进课后服务课程的持续改进、健康发展。③ 在方案实施的过程中，校内应当定期组织专题讨论，这样的讨论不仅能增进各方对方案的理解和认同，还能及时发现并解决实施过程中出现的问题。同时，学校还应当建立一个多主体反馈机制，让学生、家长、教师等都能在方案实施的各个环节中提供反馈。这些反馈可以通过电子邮件、社交媒体、校园网站或者是定期的会议来收集。通过这些反馈，学校可以了

---

① 案例来源：北京市石景山区古城小学宋丽丽。
② 案例来源：北京市史家小学通州分校魏亮。
③ 杨德军，黄晓玲，朱传世，等. "双减"背景下学校课后服务课程实施现状及发展建议：基于对 B 市 285 所学校 61326 名学校管理者及师生的调查分析［J］. 中小学管理，2022（7）：36-40.

解到课后服务的实际效果，以及是否存在需要改进的地方。

一个成功的课后服务方案设计应当是一个包容多元、灵活适应、持续更新的过程。它需要教育工作者的智慧、家长和学生的参与以及学校管理层的支持。只有这样，才能设计出既符合学校特色又满足学生需求的课后服务方案，为学生的全面发展提供坚实的支持和保障。

其可行路径包括畅通沟通渠道，随时接收反馈意见。例如，北京市大兴区长子营学校坚持开放办学，接受社会监督，倾听家长心声，畅通沟通渠道，建立了校长热线联系，利用公众号向社会、家长公开信息，随时接受家长意见反馈。[①]

通过学校主动调研，获取学生及家长反馈，改进课后服务。例如，北京市朝阳区兴隆小学针对学校课后服务课程安排及实际实施效果，向学生及家长进行电子问卷式调研。调研学生（家长）针对课后服务课程内容满意度以及对课后服务课程不同方面的需求，反思完善内容。深入年级组、家长委员会、社会办学机构、学校服务部门等，针对课后服务课程的实施效果及问题进行诊断式调研。[②]

---

① 案例来源：北京市大兴区长子营学校胡志永。
② 案例来源：北京市朝阳区兴隆小学黄宝洁。

第四章

义务教育课后服务内容设置

课后服务内容设置包括作业指导、答疑辅导、素质拓展和托管服务。在内容设置中，应注重多样性和实用性。在作业指导方面，除了日常作业布置与检查，还可以增设学习策略的指导，帮助学生找到适合自己的学习方法。在答疑辅导方面，除了常规的学科问题解答，还可以组织定期的学术讲座和研讨会，让学生接触到更广阔的知识领域。在素质拓展方面，可以开设各类兴趣小组和社团活动，如艺术、体育、科技等，鼓励学生发掘自己的潜能和兴趣。同时，可以邀请校外的专家来进行交流和指导，拓宽学生的视野。在17：30 之后，针对个别有特殊情况不能按时离校的学生，学校可在指定教室，提供以教师看护下学生自习、阅读为主要形式的托管服务。丰富多彩的义务教育课后服务内容设置，既能够丰富学生的课余生活、拓宽视野和知识面，也能够减轻家长负担，还为学校提供了一个深化教育改革、提升教育质量的契机。

第一节　作业指导

为了有效减轻学生的作业负担，课后服务应当专门设置学生完成书面作业的时间。在一周整体安排中，作业时间既不能成为课后服务的唯一内容，也不应被完全挤占。对于小学生而言，应提供足够的时间在校内完成书面作业，而对于初中生，则应在校内安排大部分书面作业的完成时间。

教师在这一过程中扮演着重要角色，不仅需要确保学生有足够的时间来完成作业，还需提供有效的指导。这包括全面批改作业，及时给予反馈和指导，并基于作业进行学情分析。同时，还应注重培养和引导学生在完成作业过程中的学习品质。学习品质不仅包括专注力和毅力，还涉及学习态度和方法。通过培养良好的学习品质，学生可以更好地掌握学习方法，提高学习效率。

一、设置作业指导时间，学生在校内基本完成作业

（一）留有专门时间，关注学生自主规划能力

作业是巩固课堂知识、提升学习效果的重要手段。在课后服务中应设置固定的作业时间，让学生有足够的时间来完成作业，同时避免过度的课业压力。

自主规划能力是学生未来发展中的关键能力之一。通过引导学生制定合理的计划和目标，培养他们的时间管理和自我调节能力，帮助学生更好地应对未来的挑战。在课后服务中，教师可以提供一些指导和建议，帮助学生规划自己的自主学习时间，培养他们的自主规划能力，让学生根据各自的实际情况，自主选择适宜的作业，释放学生主体的活力。① 可行路径之一为设立多个学习区域，提升学生自主规划的能力。例如，自主作业时段，北京市清华大学附属中学广华学校小学部分设"独立完成区""小组讨论区""个别指导区"等多个学习区域。学生可以选择独立完成作业，也可以进行小组讨论。教师参与指导学生解决作业中遇到的难题，提供必要的帮助和支持。② 可行路

---

① 马随成. "双减"背景下的学校管理变革［J］. 中国教育学刊，2023（3）：57-60.
② 案例来源：北京市清华大学附属中学广华学校小学部王岚、胡萍。

径之二为结合学生学习需求，实现自主规划和安排。比如，作业辅导阶段，北京市赵登禹学校提供菜单，学生根据自己需求提前安排课后服务时间如何使用，可将时间安排为写作业、阅读、复习、预习、整理错题等。教师科学利用信息技术手段进行作业分析诊断，设置分层作业，班级每天公示信息。学生自主选择作业层次，在规定时间内，在教师引导、协助下完成作业。①

此外，为了更好地满足学生的个性化需求，课后服务还可以提供一些个性化的学习资源和学习支持。例如，针对学生的学习特点和兴趣爱好，提供一些拓展性的学习材料和资源，或者组织一些与学科相关的活动和竞赛，激发学生的学习兴趣和动力，促进他们的个性化发展。

（二）加强作业指导，注重学习品质培养

作业指导不仅是提供时间让学生完成作业，还应该包括对学生作业的有效指导和反馈，从而培养学生良好的自主学习习惯。这是基础类课后服务课程的根本任务之一。② 在课后服务中，教师应积极参与学生作业完成过程，及时解答疑问，指导学生掌握正确的解题方法和学习技巧。在指导作业的过程中，除了关注作业内容的正确性外，还应注重培养学生的学习品质，包括学生的专注力、毅力以及学习态度和方法。教师可以通过各种方式，如故事、案例、游戏等，引导学生端正学习态度，培养学生的耐心和毅力，提高学生的学习品质。通过培养良好的学习品质，学生不仅能够更好地掌握学习方法，提高作业完成效率，还能够更好地适应未来的学习和生活挑战。

不同学校具有不同的特色做法，有些学校以集体辅导、个别辅导和合作式学生辅导相结合的模式，全面促进学生作业完成和良好学习习惯的培养。例如，北京市密云区第六小学作业辅导做到"三导"：通过教师的集体辅导，指导学生利用课后服务时间基本完成书面作业，培养学生学会时间管理，养成良好的学习习惯；通过教师的个别辅导，对学习有困难的学生，进行补充

---

① 案例来源：北京市赵登禹学校谢莉华、刘昕。
② 于宏伟. 新教育生态下课后服务课程化路径探索 [J]. 中国教育学刊, 2023 (S1)：156-158.

辅导与答疑，为学有余力的学生拓展学习空间；通过"合作式"的学生辅导，成立优生辅导中等生、中等生辅导学困生的互助组，让每一位孩子都能得到关注，得到发展。①

有些学校通过作业辅导阶段的设计，来实现对学生成长的全方位引导，提升作业完成质量。例如，人大附中亦庄新城学校的作业阶段，一年级和二年级设计的是"成长加油站"，安排了练字、朗读、绘本阅读、故事分享、观看爱国影片等，让孩子学中玩，玩中学，兼顾趣味吸引、习惯养成、思维提升；三至六年级设计的是作业辅导，在教师的跟进指导中，有质量地完成书面作业、挑战分级作业、尝试自省作业，促进学生有效学习。②

二、坚持作业全批全改，细化学情分析

作业全批全改是提高作业质量的关键，及时反馈和订正对于学生的学习进步至关重要，利用课后服务时间进行作业面批面改是提高作业质量的有效途径。通过作业细化学情分析，可以更好地了解学生的学习情况和问题所在。在此基础上，通过作业的细节来分析学生的学习情况。例如，通过对学生作业中的错误类型、错误频率等进行统计和分析，发现学生在某个知识点上存在普遍困难或理解偏差，进而可以有针对性地进行教学调整，帮助学生更好地克服困难，提高学习效果。

（一）坚持作业系统设计

作业系统设计应该注重作业的合理性和有效性，打破传统课后"作业习题"式思维的束缚，主动探索科学的作业管理模式，打开学校时间与空间组合的多种可能。③ 合理的作业系统设计应与教学目标和教学内容相一致，与教学计划和教材相结合，确保作业能帮助学生达到教学目标，并与课堂教学相

---

① 案例来源：北京市密云区第六小学支来凤、王亚玲。
② 案例来源：北京市人大附中亦庄新城学校骆正位。
③ 马莹. 中小学课后服务供给保障的制度建构［J］. 中国教育学刊, 2022（3）：21-28.

呼应，形成有机的教学体系。在设计作业时，教师应主动分析学生的学段特征，将作业设计的难度定位于学生的"最近发展区"，为学生供给基于学情分析的差异化作业形式和基于学习体验的个性化作业内容。① 此外，作业应该多样化，包括不同类型的题目和任务，以培养学生的综合能力和创新思维。

作业系统设计应该具备便捷性和灵活性。学生提交作业和教师进行批改的过程应该简单、快捷，以节省时间和精力。同时，作业系统应该具备灵活性，允许教师根据实际情况进行调整和修改，以适应不同学生的需求和学习进度。

作业系统设计应该注重数据的收集和分析。通过作业系统收集学生的作业数据，可以进行学情分析和个性化指导。例如，可以分析学生的作业完成情况、错误类型和错误频率，了解学生在某个知识点上的困难和偏差，从而为教师提供有针对性的教学策略和帮助。同时，通过对作业数据的整合和分析，还可以进行教学效果的评估和改进，不断提高教学质量。

作业系统设计应该鼓励学生的参与和反思。作业不仅仅是学习知识的手段，更是培养学生学习能力和自主思考习惯的途径。因此，作业系统设计应该鼓励学生主动参与作业的设计和评价过程。可以通过让学生参与作业设计，提供自我评价和反思的机会，激发学生的学习兴趣和主动性，促进学生的自主学习和发展。

有些学校通过统筹作业计划、有效管理作业，形成作业系统设计。例如，北京市顺义区牛栏山第一小学在作业总量的控制上，利用好共享文件，每天各科教师在共享文件中填写各层级学生作业，全校教师随时可见，切实做到各学科作业总量的统筹。在管理上，及时完善作业监控制度，以年级组为单位，以一周为周期，统筹周作业计划、课时作业计划，实行作业日公示、周公示制度。②

有些学校通过多种形式如阶段性调查问卷、学生访谈和抽查作业，全面

---

① 张笑予，祁占勇."双减"政策背景下教师赋权增能的理论模型与实践路径［J］. 中国教育学刊，2023（4）：74-78.
② 案例来源：北京市顺义区牛栏山第一小学王艳。

监管全批全改的落实情况，完善作业系统设计。例如，北京市平谷区门楼中心小学阶段性调查问卷由学校业务部门进行设计，旨在基于学生及家长层面了解"双减"政策解读、宣传效果及作业改进的具体成效等；访谈由学校年级领导进行年级、班级的跟踪督查，以学生座谈形式从学生的角度了解作业完成时间、总量、面批面改效果、受欢迎度等具体情况；由学校教务部门不定期对作业内容、形式、分层、全批全改等情况进行随机抽查，旨在多角度、全方位协同调研和督查，动态把握学科作业的常规状况。①

（二）完善作业评价体系

兼顾作业设计质量与教学评价标准的统一是确保作业设计符合各学段学生认知特点、学习规律与课标要求的重要举措。打造作业的设计、布置、批改、反馈、辅导等完整闭环是促进学生全面发展和终身学习能力培养的有效途径。② 为实现这一目标，需要不断探索和创新作业评价体系，确保评价方式的多样化、评价标准的科学化、评价过程的信息化。

在完善作业评价体系时，应强调过程评价的重要性。教师应关注学生作业完成的全过程，包括思考、解决问题的策略以及完成态度等方面，而非仅仅关注最终答案的对错。过程评价有助于教师更好地了解学生的学习难点，为他们提供个性化的指导和帮助。

作业评价体系需要注重学生自我评价和同伴评价的作用。学生的自我评价可以培养其自主学习和自我反思能力，而同伴评价则能促进学生之间的交流和合作，营造积极的学习氛围。

多元化的评价标准也是完善作业评价体系的重要组成部分。不同学科、不同类型的作业应有相应的评价标准。例如，数学作业更注重逻辑性和准确性，而语文作业则更强调创造性和表达能力。多元化的评价标准有助于激发学生在各自擅长和感兴趣的领域深入发展。

---

① 案例来源：北京市平谷区门楼中心小学樊泽峰、徐元英。
② 柯清超，鲍婷婷，林健．"双减"背景下数字教育资源的供给与服务创新［J］．中国电化教育，2022（1）：17-23．

可以通过激励性评语等方式，逐步完善作业评价体系。例如，北京市平谷区第三中学的教师在加强作业指导方面，采用规范且激励性的评语，同时进行学情收集和全面反馈，包括重点面批、个别作业指导，以确保学生能够得到充分的指导和帮助。同时，教师研究在不同类型作业设计中的实践策略，以提高作业指导的有效性，并将素质教育理念融入作业评价方式中，完善现有的作业评价体系。[1]

可以通过数据分析等方式，逐步完善作业评价体系。例如，为了实现课上教育、学生问题诊断、需求分析和课后服务相匹配的目标，北京市丰台区第八中学进行了单元作业、期中试卷命题的设计，并利用学生的作业，期中、期末考试等数据分析学生的学科能力以及学科素养水平，诊断学生在学习过程中的收获、优势以及存在的问题。同时根据诊断的情况给予学生和家长一些专业的学习建议。学生、家长参考教师的指导意见结合自身的意愿来进行课后服务作业辅导的相关项目选择。[2]

第二节　答疑辅导

为了解决当天课堂遗留的问题和应对学生因学习差异带来的分化，需要建立课后服务时段内的答疑制度，以提供对学生个性化学习问题的指导。对于小学低年级学生，教师可以结合课堂教学观察，利用课后服务时间对仍然存在问题的学生进行进一步的辅导。而对于小学中高年级和初中学生，则可以采用教师走班、学生走班以及专用答疑教室等多种形式进行个性化答疑。

为了优化学生答疑辅导安排，可以提前预约答疑教师，或者通过答疑条来调控答疑学生流量，从而减少等候时间，满足学生答疑需求并维持答疑秩序。同时，需要注意不在课后服务时间组织学生刷题备考、讲授新课或集体

---

[1]　案例来源：北京市平谷区第三中学王义清。
[2]　案例来源：北京市丰台区第八中学施红星。

补课。

针对学习困难比较突出的学生，采取"分层辅导"与"量身定制"相结合的方式进行个性化补差补缺，力求实现"当天问题不回家"的目标。此外，开展学科知识、学习方法、学习习惯、学习态度等方面的综合答疑辅导，以全面提升学生的学习品质。对于学有余力的学生，教师可以通过设置分层作业、挑战任务、高阶课程、专项活动等方式进行提升辅导，以确保他们能够学足学好。

一、建立答疑辅导制度，进行个性化指导

课后服务时段的学科答疑辅导制度是教育教学工作中一项重要且有效的补充，其旨在弥补课堂学习中的不足，为学生提供一个更加个性化的学习支持环境，缓解由于学生之间认知水平、学习能力和学习速度的差异所带来的分化情况。

（一）明确答疑辅导需求，完善答疑机制

为了更好地满足学生多样化的学习需求，明确答疑辅导需求和完善答疑辅导机制尤为重要。首先，教师应通过精准的观察和评估，对学生在学习过程中遇到的问题进行分类汇总，以确保答疑辅导工作的有针对性和有效性。例如，有针对性地为学生准备不同层次的习题，以及对应的解题策略，让学生根据自己的实际情况选择适合的难度，既不会感到过于吃力，也不会失去挑战性。

其次，学校和教师可以构建更为灵活多样的答疑辅导体系。线下，可以设立固定的答疑辅导时间和专用答疑辅导教室，确保有充足的时间和适宜的环境来进行面对面的交流。线上，则可以通过学校教学平台或社交媒体群组，开设答疑辅导专栏，实现时间上的延伸和空间上的扩展。教师可以在平台上发布解题视频、学习资料，并实时回答学生提问。

最后，增强答疑辅导的互动性也是完善答疑辅导机制的重要方面。鼓励学生在答疑过程中提出自己的想法和解题方法，教师则根据学生的反馈进行及时调整和补充，这样不仅提高了学生的参与感，也让答疑辅导更加贴近学生的实际需要。同时，通过定期的反馈收集和答疑辅导效果评估，不断调整答疑辅导策略，确保答疑辅导工作的实效性和持续性。

只有当答疑需求被明确，答疑机制不断完善，教师与学生之间才能建立起更为高效和亲密的互动关系，从而为学生提供更为精准和个性化的学习支持，让每个学生都能在学习的道路上获得应有的关注和帮助，不断提升学习成效。

通过与家长沟通，明确问题，完善答疑辅导方案。例如，在开展个性化辅导之前，北京市第十二中学附属实验小学的教师与家长进行沟通，一起分析孩子当前存在的问题并提出希望。课后辅导后，教师及时向家长反馈学生学习过程中的情况，关注每一位孩子的成长点，鼓励进步，提高孩子们的自信心。同时也提出解决学生薄弱点的方案，实现家校合力。[1]

(二) 建设答疑辅导教室，解决共性和个性问题

建设答疑辅导教室是改善教育质量、解决学生学习中共性和个性问题的有效手段。答疑辅导教室不仅是物理空间的配置，更是教育资源整合、教学方法创新的体现。

答疑辅导教室的建设，需要对学生的学习困难进行细致的分类，区分出哪些是大部分学生普遍存在的共性问题，哪些又是个别学生特有的个性问题。对于共性问题，答疑辅导教室可以定期组织集体答疑会，教师针对普遍性问题进行系统讲解，例如公共的数学解题方法、语文阅读理解技巧等，这种方式有助于提升整体学习效率，促进学生之间的知识共享与互助。对于个性问题的解决，则更加侧重于一对一或小组形式的答疑辅导。在答疑教室中，教师可以为这些学生提供更为精细化的关注，针对个人的不同需求，制定个性

---

[1]　案例来源：北京市第十二中学附属实验小学赵亚萍。

化的辅导计划和学习路径。同时，对学生进行个性化辅导也意味着教师必须突破传统的以讲授为主的教学法，而要基于学生的知识基础、能力水平和发展需求等个体差异来因材施教。[①] 同时注重发挥加强骨干教师、教研组长与高职称教师的辐射带动作用。[②]

在此方面，不同学校可采取各有特色的方式。有些学校设立答疑辅导站，提供学生预约服务，提高答疑针对性。例如，北京市密云区第六中学整体统筹地点，为语数英等九个学科骨干教师设立"骨干教师答疑辅导站"，辅导站清楚注明骨干教师姓名、任教学科、答疑辅导时间、教师电话等信息，并向全体学生公布《骨干教师答疑辅导安排表》，学生根据自己的需求，寻找骨干教师解疑问难。[③]

有些学校采用三级智能小课堂答疑模式，提供个性化答疑服务。例如，北京市第二实验小学永定分校设立了由骨干教师组成的答疑辅导三级"智能小课堂"。一级"普惠"辅导，由班级学科教师负责，随堂、随时帮助学生解决问题；二级"定制"辅导，由市区校级骨干教师负责，在二层学生区设置专区，每周在课后服务时间进行两次集中辅导，采取预约制形式；三级"专属"辅导，由骨干干部主要负责，地点设在教科室，学生可以在课间随时进行咨询。[④]

（三）增加心理辅导，持续关注与援助

在传统的答疑辅导中，教师通常专注于知识点的讲解和疑难问题的解答。然而，随着教育理念的深化和学生需求的多元化，答疑辅导已不再局限于学术问题的解决，心理辅导的融入被越来越多的教育工作者所认识和重视，以

---

① 高巍，周嘉腾，李梓怡. "双减"背景下的中小学课后服务：问题检视与实践超越 [J]. 中国电化教育，2022（5）：35-41，58.
② 顾理澜，李刚，李慧婷. 个体因素与管理举措：什么会影响教师对课后服务的投入——基于B市131所中小学调查数据的多水平分析 [J]. 教育学术月刊，2023（9）：12-17，66.
③ 案例来源：北京市密云区第六中学郝爽。
④ 案例来源：北京第二实验小学永定分校王春丽。

呼应学生心理健康日益增加的服务需求。① 心理辅导作为答疑辅导的重要补充，能够帮助学生在面对学习挑战时，保持积极的情绪和健康的心态，从而更好地学习。

在答疑辅导中增加心理辅导，要求教师具备一定的心理学知识和敏感性。可以是专职心理教师进行辅导，也可以在学生提出学术问题时，洞察其背后可能存在的心理困惑。同时，心理辅导还需要持续关注与援助。学生的心理状态不是一成不变的，随着学习阶段的不同或个人生活的变化，其心理需求也会发生变化。因此，需持续关注学生的情绪变化和心理需求，及时发现问题，主动提供帮助。对于一些心理问题较为严重的学生，教师应建议其寻求校外专业医疗机构指导。

有些学校已设置心理辅导课程，提供暖心心理援助。例如，昌平区城北中心小学开设"心理小屋"辅导课程，由学校德育干部、"心理工作室"成员开展每周一至两次的心理辅导，对有需求的学生进行及时、持续的心理援助。对于学生学习难度较大、心理需要关怀的学生，与骨干教师和心理辅导教师进行点对点对接，教师通过观察、询问、定期家访等方式实现"一对一"辅导。②

二、优化答疑辅导，分年级分层次走班实施答疑辅导

不得利用课后服务时间组织学生刷题备考、讲授新课或集体补课。为优化答疑辅导安排，可以分年级和分层级进行走班答疑辅导。

走班答疑的实施需要学校具备灵活的教学管理机制和高效的资源调配能力。学校应根据学生的实际情况，制定合理的走班答疑时间表，保证每个学生都能得到适合自己的辅导和关注。学校应保障学科类课后服务时长和质量，

---

① 李正云. 从领先快速到规范优质：上海学校心理健康教育回顾与思考 [J]. 教育发展研究，2022，42（10）：17-25.

② 案例来源：北京市昌平区城北中心小学杨春梅、李凤欣。

加强答疑和学业辅导，优先保障有学业困难和补习需求的学生参加学科类的课后服务。① 同时，教师团队需要有足够的专业素养和协作精神，通过团队教学和经验分享，不断提升答疑的针对性和有效性。

（一）分年级答疑辅导

分年级答疑辅导是一种顺应学生年龄与认知发展特点的教学方法。在这种模式下，需要按照中小学生在不同阶段的发展特点，设计不同的辅导内容和采取差异化的辅导方式，使辅导内容和方式更好地契合中小学生的成长发展需要。②

根据学生的学习阶段和认知特点，设计不同的答疑内容和方法。对于小学中低年级学生，答疑辅导往往注重基础知识的巩固和学习习惯的培养。在这个阶段，教师通过耐心细致的解答，帮助学生构建稳固的学科基础，同时注重培养学生的好奇心和探索欲，为其后续学习建立良好的开端。此外，教师引导学生如何有效地提问和自主寻找答案，进而培养他们的自学能力和问题解决能力。

小学高年级学生处于知识体系迅速构建和逐步完善的阶段。答疑辅导更侧重于知识点的深化和思维能力的提升，教师引导学生进行逻辑推理、批判性思考，并尝试将知识应用于实际情境中。此时的答疑辅导可以涉及学习方法的优化与学习态度的调整，帮助学生面对学习中出现的各种挑战。

初中生的答疑辅导则更多地集中在复杂概念的理解、高阶思维技能的培养以及考试技巧的指导上。教师在此阶段会更多地关注学生的个性化需求，提供定制化的辅导方案，帮助学生有针对性地提高学术表现，并为升学或未来的学术追求做好准备。例如，北京市燕山东风小学和顺义区李遂中心小学根据学生年级和认知发展特点设计不同的答疑辅导内容和方式。针对答疑辅

---

① 薛海平，杨路波. 我国中小学生家庭课外补习需求收入弹性分析：兼论"双减"背景下缓解课外补习需求的有效策略 [J]. 首都师范大学学报（社会科学版），2023（4）：133-149.

② 郭圣东. 赋能中小学生个性化发展的课后服务：可为、难为与应为 [J]. 教育理论与实践，2023，43（20）：8-11.

导中遇到的学生年龄小、自主学习的能力不强、质疑能力较弱等现象，北京市燕山东风小学重点安排了每个班级的辅导工作。在高年级，尝试在同一个年级开设辅导班和答疑班，辅导班重在完成学习任务，答疑班为学有余力的学生提供答疑服务和个性化指导。[①] 在顺义区李遂中心小学，低年级开设速算及思维导图，三至六年级开设思维提升班和培优加强班，对学生进行分年级答疑，并做好阶段性评价工作，激发不同学生学习的积极性。[②]

（二）分层级走班式答疑辅导

分层级走班答疑辅导旨在通过分层级的方式，针对学生的不同学习能力和知识掌握程度进行个性化的教学辅导。这种模式摒弃了传统的"一刀切"式教学方法，根据学生的具体情况将他们分入不同的学习层级，再在此基础上开展走班制的教学活动，确保每个学生都能在适合自己能力水平的环境中学习，从而最大限度地提高教学效率和学生的学习效果。

考虑到学生在同一年级内也存在不同的学习基础和能力水平，分层走班答疑可以按照学生学习成绩和能力分层，有针对性地进行答疑辅导。例如，对于基础较好的学生，教师可以提供更多的拓展性问题和挑战性任务，激发他们的学习兴趣和研究热情；而对于基础较弱的学生，则需要从最根本的知识点做起，耐心地解释和练习，帮助课堂教学中接受程度慢的学生弥补知识缺陷、增强学习能力和信心。[③]

在分层走班实施过程中，不同学校均可有其特色做法。例如，北京市京源学校所有中考科目教师参与分层答疑的工作，共 9 个学科分 3 层，为 24 个班近 1000 个学生开展答疑活动。基本做法是：A 层由学有余力的学生组成，重在培养学生的自主学习能力，提倡学生之间互相答疑。B 层由有一定的学习基础但能力不足的学生组成，教师要引导性地回答学生问题，重在解题思

---

① 案例来源：北京市房山区燕山东风小学来淑英。
② 案例来源：北京市顺义区李遂中心小学刘兵。
③ 叶志强. 双减背景下小学数学教师课堂教学的困惑与归因及建议：基于 NVivo 的质性研究 [J]. 数学教育学报，2023，32（4）：78-84.

路和解题方法的引导。C 层由学习基础、能力稍欠缺的学生组成。教师示范性地帮助学生理解基础知识。[①] 人大附中北京经济技术开发区学校初中部采取单师培优、双师补弱的模式。对于中间档的学生，采取走班金牌辅导的模式。配备学校和年级的优秀教师，每个班级每个学科金牌教师每天轮流辅导，每周提供一个课时，于同一时间段配备 46 个班级 46 位金牌辅导教师，多个学科教师固定地点，保证在每一时间段各学科辅导教师分布在本年级不同的班级，满足本年级走班辅导的需求。金牌辅导项目同时设置阶段性评价，以自律和效果为评价标准。[②]

（三）学生小讲师答疑

学生小讲师答疑辅导是一种激励型的教学互助模式，体现出学生间互学互助的优势，通过让某一学科掌握较好的学生担任小讲师，为其他同学提供答疑辅导，在学习过程中促进知识的深化与共享。例如，北京市延庆区永宁学校初中部在课后服务三个时间段开展学生讲师答疑。为各班配备三张《学生答疑卡》，学生佩戴《答疑卡》到指定学生讲师答疑室进行有序答疑。学生讲师都是经过自愿报名—竞选演讲—师生投票—年级考核—承诺宣誓这五个环节层层选拔出来的各年级各班级各学科学习优秀、具备清晰的逻辑思维与较强的语言表达能力、有着非常强劲的自我约束能力、拥有帮助同学的爱心和道德品质过硬的学生。学生成为答疑主讲人，学生讲师对问题进行讲解，教师主要承担组织任务。前期教师对学生讲师进行提前培训，答疑过程中出现临时问题时教师及时处理。[③] 又如，金牌小讲师活动已成为北京市顺义区仇家店中心小学的一张名片，小讲师共录制完成了 365 讲，涉及查漏补缺类、自主学习类、益智创新类、中华传统文化类、家国情怀类的五大主题，提高了学生自主学习能力和综合素养，实现了课内向课外的延伸。此外，小讲师

---

① 案例来源：北京市石景山区京源学校岳玲。
② 案例来源：北京市人大附中北京经济技术开发区学校初中部张燕妮。
③ 案例来源：北京市延庆区永宁学校李荣华、张雪飞。

团积极参加课后答疑、英语带读、诗词分享等活动。[①]

在这个模式中，小讲师不仅复习巩固了自己的知识，还通过教学过程提升了自己的表达能力和逻辑思维能力。他们在答疑辅导中，学会了如何组织知识点，如何用简洁明了的语言将复杂的概念解释给同学们听，这是对小讲师自身学科能力的一次重要检验和提高。

对于其他同学而言，小讲师答疑辅导提供了更为轻松的学习氛围。同龄人之间的交流通常更为畅快，学生在向小讲师提问时可能会更加放松，有助于他们消除学习中的紧张感，敢于提出问题，积极参与学习。同时，同学间相似的思维模式和语言习惯也使得解释更加适合同龄人的理解，这样的答疑辅导往往能够更好地针对学生的困难点，进行有效指导。

第三节　素质拓展

结合义务教育课程标准和学校育人特色，因地因校制宜，在课后服务中进行德智体美劳等方面的素质拓展，为不同兴趣爱好、不同特长潜能的学生提供个性化选择的机会。素质拓展可包括体育锻炼、科技活动、文化艺术、劳动实践、阅读朗诵、德育心理、综合实践等方面，提供趣味性与体验性的活动方式、多样性与个性化的经验选择、校本化与结构化的组织形态、拓展性与延伸性的教育机会。[②]可开展学法指导、心理指导、生涯指导、安全教育等为学生学习和发展提供基础支撑的素质拓展教育活动。采用主题式、项目式、体验式、互动式、情景式等实施方式，引导学生积极参与，培养学生良好的自我管理、同伴互助的习惯和能力。在此过程中，需要加强课后素质拓展与课内教学的衔接。以课上学习内容为基础，拓展设计多种课后实践活动，

---

① 案例来源：北京市顺义区仇家店中心小学张丽英。
② 高建波，瞿婷婷. 学校课后服务的"非正式课程"属性及其实施理路 [J]. 课程·教材·教法，2023，43（3）：63-70.

通过实验、探究、创作等方式，培养学生的综合实践能力，把学科实践、跨学科学习延伸到课后，为学科素养的培养提供更大的平台。严禁增加学生课业负担。

一、加强课后素质拓展与课内教学的衔接

"课后服务课程"与"常规课程"一起，构成学校课程的"一体两翼"，二者同频共振，实现学校课程整体育人功能的最大化。① 多样化的课后活动可以让学生将课堂知识与实际操作相结合，以实验、探究和创作等形式激发学生的学习兴趣，培养他们的综合实践能力。例如，在科学课程中，教师可以引导学生进行小型的实验项目，如植物生长记录、简易电路的搭建、水质检测等，让学生在动手操作中学习科学原理，培养他们的观察力、分析力和解决问题的能力。数理课程可以通过编程设计、数学建模、几何结构的折纸等课后实践活动，让学生在探索中学会逻辑思考和创新。在人文社会科学领域，课后活动可以包括角色扮演、辩论会、历史场景重现等，让学生在体验和模拟中加深对人文知识的理解，培养他们的同理心、沟通能力和团队协作能力。艺术类课程则可以通过绘画、音乐创作、舞蹈排练等课后活动，让学生在实践中发现美、创造美，进而培养他们的审美素养和创新精神。

跨学科的学习活动可以通过项目制学习、主题研究等形式，让学生在课后将不同学科的知识融会贯通，运用到解决实际问题中去。例如，组织学生开展环境保护项目，综合运用生物学、化学、地理等多门学科的知识，同时锻炼他们的组织管理和协调沟通能力。

除了学科知识的拓展，学法指导、心理指导、生涯指导等也值得关注。在设计这些课后实践活动时，应当注意保持活动的趣味性和自愿性，避免将

---

① 刘登珲，卞冰冰. 中小学课后服务的"课程化"进路［J］. 中国教育学刊，2021（12）：11-15.

课业负担转移到课后，确保活动不会过度消耗学生的精力和时间。活动的目的是丰富学生的学习体验，而不是加重他们的学习压力。通过精心设计的课后实践活动，学生不仅能将学科知识内化为自身的素养，还能在轻松愉快的环境中得到全面发展。

可行路径之一为通过课内教学体系拓展，提供多样化课后服务，全面满足学生的发展需求。例如，北京市门头沟区大峪第一小学依托学校"定峰"课程体系中"基础课程、发展课程、特色课程"三类课程，分层分类进行课后服务拓展课程一体化设计。从基础课程中直接拓展出课后服务课程供学生选择，如整本书阅读、数学思维、英语口语交际等，并针对基础课程共同基础不足的学生设计补足性课程，包括课业辅导答疑、作业辅导；基于发展课程进一步设计拓宽、拓深综合素质拓展课程供学生选择，包括体育类、艺术类、科技类、人文工艺类及劳动技能类五大类 22 门课程，关注学生"德智体美劳"全面发展；基于特色课程进一步设计拓宽、拓深中华传统文化课程供学生选择，如中华茶艺、中国神话音乐剧、国粹京剧等。①

可行路径之二为通过跨学科主题实践课程，将课内教学与课外实践相结合。例如，北京市顺义区高丽营第二小学创建"春天的交响"跨学科主题实践课程，涉及语文、数学、科学、劳动等各个学科 13 门课。在语文课上进行诗文解读、知识积累，在课后服务中开展"春天印象"思维导图课程的学习实践、拥抱春天诗文朗诵大赛、艺术创作展的创意表达。在劳动课中，课内学习木工、金工、针法、刀法使用的技术，课后开展清理杂物、开辟小菜园实操活动。在科学课中，课上进行"认识植物""植物的一生"的系统学习，课后走进田地进行打梗、施肥、选种、育苗、播种，走出学校与家人户外寻春等。②

---

① 案例来源：北京市门头沟区大峪第一小学王消冰。
② 案例来源：北京市顺义区高丽营第二小学张岩。

二、德育素质拓展内容设置

课后服务中的德育活动旨在培养学生的道德意识、责任感、合作精神等品质。课后服务的德育素质拓展内容在增强学生知识学习的同时，全面提升学生的道德素养，帮助学生树立正确的世界观、人生观和价值观，为学生以后在社会实践中应用所学道德知识，检验并进行行为调整，形成自己的道德习惯打下坚实基础。① 学校可以开展多种类型的德育素质拓展活动。

例如，伦理剧场和角色扮演：利用戏剧和角色扮演的方式，模拟各种社会情境，让学生在安全的环境中探索和处理道德问题。学生可以通过编剧、表演和观看同伴的表演来学习如何在复杂的社会互动中做出道德决策。

再如，道德与价值观工作坊：定期在课后服务时间举办工作坊，让学生参与讨论和工作活动，涉及诚实、正义、尊重、责任等核心价值观的培养。在这些互动式的工作坊中，学生通过实际案例学习如何应用这些价值观解决现实问题，在非正式和互动的环境中加强学生的德育教育，帮助他们发展为具有良好道德和社会责任感的个体。

有些学校开展古镇专项研学活动，为红色教育提供了有力支持。例如，北京市通州区潞城镇中心小学组织干部教师研读《智临潞城》，为学生开展古镇专项研学活动奠定了基础。学校还引入党建公园、周文斌雕塑广场、劳模名录等红色教育资源，利用课后服务时段组织学生实地观摩、体验、打卡、研学。②

有些学校依托周边环境，培养学生对传统文化的热爱和创造力。例如，北京市房山区河北镇河北中心校依山傍水，大石河从学校门前流过，河床上遍布千年鹅卵石。学校利用工会活动时间组织教师捡回成袋的石头，洗净晾干后，供石头画小组使用。高跷也是房山区非物质文化遗产，学校引入高跷，

---

① 邬云礼. 小学道德与法治教学的课后强化 [J]. 教学与管理，2020（5）：61-62.
② 案例来源：北京市通州区潞城镇中心小学王玉霞。

聘请村里老艺人进校指导。二十名队员都成为本地高跷第十一代传人。[1]

三、智育素质拓展内容设置

课后服务中的智育素质拓展活动，不局限于传统的学科学习，而是涉及逻辑思维、创新能力和综合素养的提升，通过多样化的学习方式激发学生的学习兴趣，培养学生的创新思维和问题解决能力，帮助学生在轻松愉悦的氛围中自然地掌握新知识，促进其智力发展和个性成熟。

例如，阅读俱乐部：定期组织学生阅读经典文学作品、最新科普书籍或者其他类型的图书，并进行小组讨论，增强学生的阅读理解能力，提高他们的想象力，锻炼批判性思维。

科学探究活动：通过实验室操作、科学展览和实地考察，激发学生对科学的兴趣和探索欲望。学生可以在教师的指导下做简单的化学实验、生物观察等，培养学生的科学思维方法和实验操作技能。

数学逻辑俱乐部：围绕数学游戏、解谜比赛、数学模型制作等形式，提升学生的数学思维和逻辑推理能力。通过趣味性强的数学挑战，如数独、智力问答以及数学奥林匹克竞赛，锻炼学生的解题技巧。

棋艺俱乐部：如国际象棋、围棋或中国象棋，这些棋类游戏能够锻炼学生的策略思维、前瞻判断和耐心。通过定期组织比赛和棋谱分析，使学生的逻辑推理能力和专注力得到提升。

当然，还有很多形式可以践行智育素质拓展活动，学校在实践中要结合校情、学情具体实施。例如，北京市丰台区东高地第二小学利用毗邻中国运载火箭技术研究院的优势，开发了《我爱航天》系列校本教材，并与课后服务的科技课程相融合，满足学生的多样化、个性化需求。同时举办航天周系列活动，包括航天周徽标设计、航天日美术作品展、发射小火箭等丰富多彩

---

[1] 案例来源：北京市房山区河北镇河北中心校刘尚君。

的航天科普展览、论坛、交流活动。① 又如，北京铁路实验小学深挖自身独特的铁路文化基因，联合周边的中国铁道总公司、北京铁路局、中国铁道博物馆等资源单位，在校内建设轨道 STEAM 体验空间，集课堂、展览、实景体验于一体。学校从 2018 年开始研发轨道 STEAM 课程，逐渐形成"轨道系列课程群"，于 2021 年春季正式将"轨道课程群"与课后服务相对接，通过课上学习和课下探究，将学生的"讲""研""做"相融合，丰富了课后服务的内容与形式。②

四、体育素质拓展内容设置

全校开展的课后服务体育活动，不仅让学生在紧张的学习之余获得身心的放松，更是提供了一个展示个性、磨炼意志、提升技能的平台。为了确保学生能够从体育活动中获得实质性的成长和健康的体验，学校应增加锻炼时间，教师要始终坚持以学生为中心，根据学生群体特征设置授课模式，让课堂真正地"动"起来、"活"起来。③ 更长时间的锻炼使得学生有机会在运动中经历从起步到熟练从而更加坚毅，这一过程本身就是对自我挑战和自我超越的最好教育。

体育素质拓展活动对学生有着重要意义，学生在体育中可以学到团队协作、自我挑战和坚持不懈的精神，体育素质拓展活动对培养健全的人格和均衡的身心发展具有不可替代的作用。

例如，课后服务可以定期组织学生参与到小组球类运动中。通过足球、篮球或排球等团队运动，学生们在享受运动乐趣的同时，也在无形中学习到如何与他人合作、共同协作以达成目标。这种形式的活动不仅锻炼学生的身体素质，增强他们的协调能力和反应速度，还在心理上帮助他们树立团队意

---

① 案例来源：北京市丰台区东高地第二小学王颖。
② 案例来源：北京市海淀区铁路实验小学胡振芳。
③ 任海江，张守伟. "双减"背景下学校体育的现实挑战、实践路径与案例解析 [J]. 北京体育大学学报，2023，46（1）：116-124.

识和集体荣誉感。

课后服务还可以提供武术课程，如教授太极或功夫等。这些课程不仅是对传统文化的传承，更是对学生身心素质的全面锻炼。武术训练强调的是内外兼修，它要求学生在锻炼身体的同时，也要培养内心的平和与坚毅。通过一招一式的练习，学生可以提高注意力，增强身体柔韧性和力量，更重要的是，他们可以在这个过程中学会如何面对挑战，如何自律。学校也可以充分利用当地资源，将本地特色体育项目纳入课后体育服务，拓宽体育教学内容。①

体能挑战活动也是课后服务中不可或缺的一部分。障碍跑、接力赛、定向越野等活动，不但使学生们的身体得到全面锻炼，更能激发他们的探索精神和解决问题的能力。这些活动通常需要学生在短时间内做出决策，并与队友协作，以完成各种挑战。在这一过程中，学生学会如何在压力下保持冷静，如何克服困难，以及如何通过团队合作取得成功。

在体育素质拓展内容设置中，一些学校建设特色课程体系，培养学生的锻炼兴趣，提升学生的身体素质。例如，北京市朝阳区教育研究中心附属学校构建"5+3+2+N"体育课程固本运动课程体系：包括每周5天课间操、3节体育课、2项必修体育特色集体项目（舞龙舞狮+京剧广播操）、N项兴趣选修体育社团，确保每天锻炼1小时，落实"健康知识+基本运动技能+专项运动技能"教学模式，形成学校特色体育活动。② 一些学校尤其关注民族体育传统项目发展。例如，丰台第五小学万柳分校一至三年级开设武术萌芽社团，培养学生的武术基本功，塑造学生武术精气神。四至六年级开设武术提高班社团，培养武术精英，组织学生参加各项赛事，引导学生将"以武修身，以武养德"的武术文化应用到学习、生活各个方面之中，提升学生意志品质修养。③

---

① 吴礼剑. "双减"政策背景下课后体育服务价值与路径［J］. 体育文化导刊，2022（7）：98-103.

② 案例来源：北京市朝阳区教育研究中心附属学校喻江、张山青。

③ 案例来源：北京市丰台区第五小学万柳分校曹洁、李洁、考仲海。

五、美育素质拓展内容设置

美育素质拓展活动旨在培养学生的创造性思维、审美情感和自我表达能力，[①] 让他们在艺术的海洋中涤荡心灵，启迪思维。

课后服务中的美育活动，可以通过多样化的艺术形式进行。首先，美术创作是基础活动之一。在画画、制作手工艺品的过程中，不仅能够培养学生的色彩感和形态感，还能让他们学习到质感、空间等美术语言。这种创作活动，不仅锻炼学生的动手能力，而且能够通过作品的创作和欣赏，提高学生的艺术鉴赏力和审美能力。音乐活动是课后美育的重要组成部分。无论是声乐还是器乐，音乐活动都能让学生在音符与旋律中感受到不同的文化氛围和情感表达。通过合唱、乐队演奏或是音乐剧的参与，学生不仅可以锻炼声乐技巧和乐器演奏能力，还能在团队配合中学会倾听与和谐共处，培养团队意识和协作精神。舞蹈活动是极好的美育素质拓展方式。舞蹈能够通过身体语言展现美的形态，增强学生的节奏感、身体协调性和表现力。这些活动不仅丰富了学生的课余生活，还有助于他们的性格塑造和情感发展。在课后服务期间定期组织美育相关的展览、讲座或外出参观活动，通过这些丰富多彩的活动，使学生体验艺术的魅力，开阔视野，提升文化素养。

在美育素质拓展内容设置中，一些学校积极探索戏曲传承与发展，让学生感受戏曲魅力。例如，北京市大兴区庞各庄镇第一中心小学围绕京剧文化打造"梨园印巷"文化长廊，汇聚京剧影像资料和工艺美术社师生作品，以静态展示的形式让学生沉浸于戏曲文化的海洋。与此同时，静态制作与"小葵花"京剧社动态训练有机结合。学校官微开通"阳光美育·戏曲专栏"，定期推送戏剧专业知识；组织学生开展"戏曲少年说"征文、演说活动，鼓励

---

① 文静，张建伟. 艺术教育对青少年心理健康的积极作用 [J]. 人民论坛，2023 (24)：139-141.

学生积极学习，增强体验，注重学生实际获得。① 一些学校深耕鼓文化传承与发展，培养学生传统技艺。例如，平谷区门楼中心小学"习鼓"特色项目发展已有30多年，学校深入挖掘鼓文化的传统内涵，整体构建学校鼓文化课程体系，将鼓文化传承课程引入课后服务，开设了丰富的非遗系列课程，让乡村孩子有机会与非遗文化亲密接触，习传统技艺，承中华文脉。②

六、劳育素质拓展内容设置

劳育素质拓展活动让学生能够在亲身实践中学习尊重劳动、体验劳动的价值和乐趣，为其形成正确的世界观、人生观和价值观打下坚实基础。

以培养劳动素养为出发点，加大校本研训力度，从学生角度出发开发设计课后服务活动，③ 如开展校园内的园艺工作，让学生动手种植花草，照料植物的成长，从中感悟生命的奥妙和劳动带来的成就感。在这个过程中，学生不仅学会了基本的园艺知识，还能培养他们的耐心和细心，同时也加强了他们对自然环境的保护意识。

劳育素质拓展活动还可以是更为广泛的社会实践。课后服务时间内可以定期组织学生参与社区服务，如帮助老人家做家务、参与社区清洁或在公共设施做志愿者等。这些活动能有效提升学生的社会责任感，增进他们对社会的了解，同时也锻炼了他们的人际交往和沟通能力。

在节假日或课后服务时间，还可以安排学生参观工厂、农场，让学生走出校园，直观感受社会生产的现场，了解不同行业的劳动过程和劳动人民的辛勤劳作。这种亲身体验能极大地拓宽学生的视野，激发他们的职业兴趣，同时也让他们更加尊重每一份职业和劳动成果。

开展劳育素质拓展活动对于学生的成长至关重要。它不仅能够增强学生

① 案例来源：北京市大兴区庞各庄镇第一中心小学张江涛。
② 案例来源：北京市平谷区门楼中心小学樊泽峰、徐元英。
③ 周美云."双减"政策背景下的学校劳动教育：契机、困境与路径［J］.教育理论与实践，2023，43（8）：3-7.

113

的实际操作能力和解决问题的能力，还能够培养学生的集体意识、社会责任感和独立生活能力。这些通过课后服务获得的劳动经验，将成为学生宝贵的人生财富，对他们未来的学习、生活和社会适应能力产生深远影响。

一些学校组织通过基地学习、环保宣传、劳动实践等活动，培养学生劳动精神。例如，平谷区熊儿寨中心小学与基地拉手发展为学生校外活动基地，组织学生到基地参观学习，学习与文玩核桃和林下蘑菇种植相关的知识；了解现代生态林果业怎样带领家乡人民致富。学校开展我是"小河长"到水边捡拾白色垃圾活动和老泉地质探秘活动，让学生行动起来认识家乡的水源，保护家乡的清泉。学校在桃花节期间组织学生走进田间地头开展"我是环保宣传员""我是生态管护员"活动，让学生向游人宣传环保知识、制止不文明行为、捡拾白色垃圾，为家乡环境保护出一份力。学校充分利用校园外菜园、果园和校内劳动基地开展劳动实践活动，让学生在下种、浇水、松土、施肥的劳作过程中，体会劳动的艰辛，自然生发出对劳动者的尊敬之情。①

一些学校通过种植、榨油、孵化等课程，唤醒学生对劳动和生命的重视，培养乡土情怀。比如，密云区西田各庄中学开设学校"阳光农场"的种植课程、榨油课程、孵化课程。种植课程由劳动教师带领学生完成，所有班主任、党员教师、干部参与。学校所在区域有着悠久的榨油历史，学校为同学们准备了榨油作坊，满足全校学生的制作需求。孵化课程由生物教师主导，带领选课同学观察从蛋到鸡变化的全过程。农场课程，让农村的孩子重新认识劳动，重视生命，在充满"乡土气"的农场中逐步唤醒乡村少年的乡土情。②

---

① 案例来源：北京市平谷区熊儿寨中心小学马树群。
② 案例来源：北京市密云区西田各庄中学刘晓彤。

第五章

义务教育课后服务常规管理

　　常规管理是学校管理工作中的基础部分，其目标就是要形成优化的育人环境，促进管理质量和效益的全面提高。通过常规管理，把治校育人活动中处于基础层次而又相对稳定的管理内容，以切实可行的制度和规范的形式固定下来，采取指令执行、严格训练和思想教育相结合的形式，使之成为师生员工自觉的行为习惯系列，从而使学校各项工作规范化、制度化、有序化，为教育活动的开展提供运行基础。健全的常规管理工作，犹如课后服务的"基石"，能为其持续、高效、有序地开展提供有力的支撑。良好的常规管理确保了课后服务各项活动环环相扣、条理清晰，避免因管理散漫而导致资源浪费、时间耗散、活动流于形式，从而最大限度地发挥出课后服务使学生得到全方位发展的作用。可以说，常规管理是保障课后服务质量、增强课后服务实效的关键环节，是整个课后服务事业可持续发展的基础保障。

　　常规工作具有琐碎性和反复性，它不是重大的、战略的、学术的教育和管理工作，但随时发生、反复出现，日常管理中总会遇到，虽然每次具体形态未必完全相同，但是基本要求总是趋向一致。常规工作具有繁杂性和目标性，它头绪繁多，内容庞杂，体现在方方面面的管理细节中，学校工作千头万绪，条条管理举措实际上都是指向了育人这个核心目标。常规工作具有直接性和及时性，虽然工作常规要求都是集体研究决定的，但在处理具体问题时，往往是由管理者直接面对具体人和事来执行，对于临时情况要做出立即的判断和响应。常规工作具有扎实性和持久性，它看似琐碎，但事关育人大局，需要持之以恒、长抓不懈、不断巩固和完善。

由于常规工作有以上特性，因此常规管理较之于学校的其他管理活动具有如下特征。

规范性。课后服务常规管理的规范性主要体现在以下五个方面：①制度规范性。课后服务需要建立一整套规章制度，明确规范各项工作流程，包括课后时间安排、劳动分工、出勤考核、财务管理、安全管理等，让所有工作都有章可循。②操作规范性。对各项具体工作都需要有标准化的操作规程和做法，如教室物资使用规范、清洁卫生标准、体育活动安全操作程序等，确保工作流程规范统一。③管理规范性。包括管理制度、管理方式、管理人员等的规范化。要有完善的管理体系、科学的管理方法、严格的管理要求，由专业的管理人员负责实施。④工作规范性。所有从事课后服务的人员，包括教师、学生、工作人员，都要履行好自己的岗位职责，严格按规范程序和要求完成各项工作任务。⑤考核规范性。建立规范的考核评价机制，对课后服务的各个环节和人员的工作情况实行科学、客观的评估，以此来促使工作和管理更加规范有序。以上规范性的管理措施，可以确保课后服务各项工作按部就班、有条不紊地进行，最大限度地避免工作流于形式，真正发挥课后服务的作用。

稳定性。①管理制度稳定性。课后服务常规管理应该建立一套相对固定长期的管理制度，作为统一规范的依据，避免制度频繁变动造成管理上的混乱。②管理团队稳定性。负责课后服务常规管理的管理团队应保持相对稳定，既有有经验的管理者，也有新鲜"血液"补充，避免频繁更换整个团队。③管理流程稳定性。课后服务的各项常规管理工作，如组织安排、劳动分工、安全卫生、财务管理等流程应保持相对稳定，避免总是临时调整。④管理方式稳定性。在实施具体管理时，应采取相对固定的管理方式、管理手段，确保操作统一规范。避免今天这样明天那样，引起混乱。⑤管理理念稳定性。对常规管理工作应该有一致的管理理念，重视它们的重要意义，管理层和操作层保持共识，防止理念摇摆影响工作效率。课后服务常规管理工作需要在制度、团队、流程、方式、理念等诸多方面保持稳定性，以确保管理工作有序、持续、系统、高效地开展，为整个课后服务夯实基础。

严肃性。①制度执行的严肃性。课后服务管理的各项制度和规范必须得到严格执行，不能流于形式，要确保每一项规定都真正落实到位。②工作态度的严肃性。所有参与课后服务管理工作的人员，无论是管理者还是被管理者，都应本着严肃负责的态度，认真履行自己的职责，绝不能存在马虎敷衍的情况。③考核评估的严肃性。对课后服务管理工作的考核评估必须严肃认真，评判标准要客观公正，反映实际工作质量，不能走过场。④问题处理的严肃性。管理工作中发现的任何问题和事故，都要严肃对待，深入调查分析原因，并及时妥善处置，绝不能回避或隐瞒。⑤整体氛围的严肃性。应在课后服务管理工作中营造严肃求实的工作氛围，让参与的每个人的言行举止都能呈现出对工作的高度重视和认真对待的精神面貌。严肃性体现了课后服务管理工作的专业性和权威性，只有真正做到严肃认真，管理工作才能真正发挥应有的作用，避免流于形式，确保管理质量和效果。

第一节　责任分工与激励

在课后服务常规管理中，合理的责任分工和有效的激励机制具有重要价值。通过科学分工，将工作合理分配给不同的人员，能明确职责权限，提高效率，并发挥每个人的专长，确保工作质量。同时，明确分工，为每个人赋予责任，有助于培养大家的责任心，在携手完成共同目标的过程中，加强相互理解与支持，增强团队凝聚力。设立合理的激励机制，能有效激发大家的工作热情和主动性，推动整体工作质量的提升。而通过明确分工和有效考核，每个人都能找到自我价值实现的方向，在工作中不断成长。在制订课后服务管理方案时，必须重点关注合理分工和激励机制这两大关键环节，以充分发挥其对顺利实施、调动积极性和促进发展的重要作用。

一、课后服务责任分工

学校在课后服务的安排规划、具体实施、维护公平与安全、提升育人质量方面承担着主体责任。课后服务是学校育人工作的一部分，为了更好地实现育人目标，要开展计划、研发、实施、监督等多种类型的工作，这些工作需要由不同群体承担，这就涉及责任分工的问题。课后服务育人与常规教育教学有很大的相同之处，都是学校育人职能的实施，因此，责任分工应依托原有的基础，发挥学校组织固有的专业育人优势，在保持稳定性的前提下进行必要的职能内容的增加，以实现课后与常规工作的一体化推进。

学校建立以校长为主责人的课后服务领导小组，成员可包括教育教学以及后勤管理中层领导，集体进行课后服务的整体规划与协调，对外部资源开发进行把关，对课后服务质量最终负责。依托现有年级组、教研组或由教师自主成立工作团队，开发与实施课后服务课程、活动和项目。由教研组、教科室、课程中心、教师中心等部门针对课后服务质量提升，共同组织开展教师培训和研究工作。由干部、教师、家长、学生共同组成督导评价小组，对课后服务全过程进行监督反馈。由行政、后勤部门负责场地、环境、安全、物资等基础保障，课后服务组织结构见图 5-1。

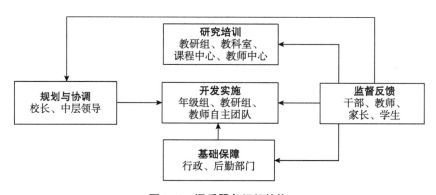

图 5-1 课后服务组织结构

北京教育研究院丰台实验小学从课后服务需求出发，建立了以下新的治理结构。

大脑中枢：课后服务战略规划部。课后服务战略规划部在充分调研的基础上，整体规划设计，丰富服务内容，提供菜单式课后服务项目和内容，供学生自愿选择，切实增强课后服务的吸引力。

动力双翼：课后服务发展部。课后服务发展部是完成决策方案的实践部门，是实现决策目标的保证。我们认为课后服务发展部应该由学生发展工作部和教科研训工作部组成。其中，学生发展工作部包含学生健康成长中心和学生事务管理中心，教科研训工作部包含教学事务中心、教育科研中心。

辅助之身：课后服务保障服务部。课后服务保障服务部的目的是促进课后服务工作实现规范化，保证课后服务的稳定运行，发展运行。我们认为保障服务部应包含行政服务中心和数字化支持平台。

定向之舵：课后服务监督测评部。课后服务监督测评部是课后服务治理主体间相互制衡的有力保障，同时也是促进课后服务高质量发展的重要基础。监督测评部包括教师代表测评部、家长代表测评部、学生代表测评部。①

课后服务与常规课程教学相比，具有更明显的灵活性、综合性和针对性，因此，在人员分配上还有如下特点：

第一，注重人员的协同性。课后服务内容本身具有综合性的特点，不强调以学科为逻辑进行课程划分，而是倡导通过融合性的实践活动全面培养学生的核心素养。因此，在课程开发与实施上，可以适当考虑不同学科背景的教师协同组队，或者以某一学科教师为主，其他教师配合，形成实施团队。例如，可以通过双师课堂的形式，将教师分为主讲教师和辅助教师；也可以在项目学习的不同阶段，发挥不同教师的主导作用。

第二，注重人员的专长性。课后服务不是纯粹地回应学生兴趣特长发展的需求，而是将学生需求与教师专业特长相结合，根据供给能力为学生提供多样的课程，因此，要充分开发教师的专业特长。一方面，在教师原有专业上进行深度开发，基于学科教学基础进一步提炼教师的兴趣点，如古诗词写

---

① 案例来源：北京教育研究院丰台实验小学祁红；案例修改蔡歆。

作、英语戏剧、科学实验、美工雕刻等；另一方面，也可以突破教师现有学科的限制，甚至突破学校人员岗位制约，结合个人特长开展教学，例如物理教师进行摄影教学，语文教师进行视频编导制作，食堂工作人员进行烘焙培训等。但是，对于突破学科专业的人员使用，一定要注意对其特长本身进行评估，确保课程具有专业性和可持续性。

第三，注重人员的自主性。从落实"双减"任务的角度讲，很多学校把教师承担课后服务作为一项政治要求，体现出党组织领导下学校的责任与担当，这对于课后服务的落实具有很大的推动作用。在这一前提下，考虑可持续发展因素，课后服务任务分配应赋予教师更大的自主空间，包括教师对工作内容、工作时间、教学方式、资源需求甚至组队建议等都有权提出自己的意见，学校应最大限度满足教师的意愿。

第四，注重人员的动态性。虽然课后服务作为一种教育活动在课程化视角下应该具有系统性和稳定性，但课后服务课程体系较正式课程而言具有更强的动态建构性，它没有一个权威的课程设置标准，需要根据育人目标、学生需求以及学校基础不断磨合调整。因此，课后服务中教师的具体岗位职责也会根据课程实施反馈情况进行动态调整，这就使得有些教师承担的课程面临升级、整合或者取消，那么教师相应的课后服务任务也将发生变化。此外，课后服务实施中存在教学任务、指导任务、管理任务、服务任务等，如课程教学和课业辅导，教师的具体任务也可根据实际情况进行动态调整。人员分配的动态性为教师找到专业发展的新视角提供了契机。

北京市西城区师范学校附属小学打破以行政推动课程建设的组织管理模式，以"行政+学术"的方式进行课后服务的课程开发、实施和管理工作。由课程中心牵头，由青年学术委员会和阅读指导委员会进行课程开发和审批工作。这两个组织的成员都是各科教师主动参与，在自愿报名的基础上产生的。这样开放的课程管理机制调动了教师主动发展的积极性，提升了课后服务的质量。① 北京市西城区师范学校附属小学课后服务教师组织管理结构见图5-2。

───────────

① 案例来源：北京市西城区师范学校附属小学高珊；案例修改蔡歆。

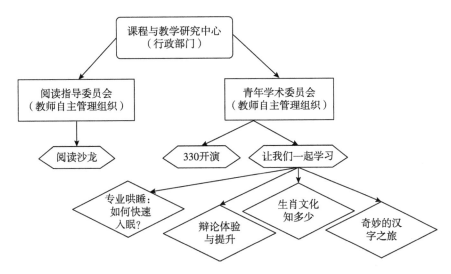

图 5-2 北京市西城区师范学校附属小学课后服务教师组织管理结构

燕山星城小学建立了规范化的"五养课程"自主申报流程。每学年期末阶段，教师根据学校前期调研的情况，根据"五养课程"的设置方案，结合自身情况，填写课程申报书。学校根据整体课程架构、年级需求、校外课程的分布，筛选教师的申请，进行各年级课程设置。申报成功的教师，利用假期进行备课，撰写课程计划、教案。[①] 燕山星城小学"五养课程"工作流程见图 5-3。

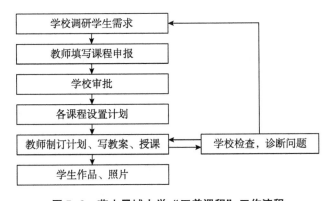

图 5-3 燕山星城小学"五养课程"工作流程

---

① 案例来源：北京市房山区燕山星城小学周洁辉、吴迎春；案例修改蔡歆。

二、课后服务教师关怀

根据管理学中的双因素理论，人文关怀属于保健因素。所谓保健因素，是和工作环境或条件相关的因素，这些因素处理不当，或者说这类需要得不到基本的满足，会导致员工的不满，甚至严重挫伤其积极性。因此，要避免使人们在工作中产生不满意的因素。研究表明，教师的工作环境及其基于此形成的主观感受对教师的工作业绩、工作满意度、职业身份认同与教学参与意愿有重要影响。[①] 课后服务增加了教师的工作负担，给教师带来了身心的压力，而人文关怀可以帮助教师放松压力、调整心态，从而提高他们的工作积极性和责任感。同时，通过关心教师需求，倾听教师心声，可以提升教师的荣誉感和归属感，增进教师与学校之间的情感联系，有利于稳定教师队伍，增强团队凝聚力。此外，教师的付出和奉献也需要得到应有的尊重和回报，适当的人文关怀可以让他们的自我价值得到实现。学校通过多方位的人文关怀，可以让教师感受到组织的认可和支持，从而更专注于教学工作，保证课后服务的效果，也是保障整体育人质量的需要。因此，课后服务过程中对教师进行人文关怀，是非常必要和重要的。

课后服务中，保健因素包括经济补贴、组织管理、权益保障、工作条件等方面，具体体现为保障课后服务津贴、服务时间、工作压力、健康状况、校外师资等维度。对教师的额外劳动进行适当的经济补偿将提高教师参与课后服务的收益—成本比，增强其在课后服务工作中的积极性。同时，良好的组织管理，如施行弹性上下班制、引入校外师资、组织课后服务专题教研、定期组织教职工体检与团建活动、为教师解决日常餐饮问题、提供心理辅导等，可以为教师开展课后服务提供更充分的工作条件，切实保障教师自身的权益，缓解教师的工作压力和负担。若教师感知到其参与课后服

---

① 张佳莉. 教师工作环境满意度再考察：基于激励—保健理论的实证研究 [J]. 教育发展研究，2017，37（6）：50-56.

务的时间合理，压力适当，身体健康权益得到保障，其后顾之忧也会得以消除。

面对工作时间的拉长，教师的倦怠现象逐步显现。如何加强人文关怀，调动教师的工作积极性？中国音乐学院附属北京实验学校探索实施"弹性工作制"，将原有的工作时间"坐班制"调整为：每天必到校的核心时间与教师自由选定上下班时间的弹性时间结合制。以解决问题为导向，制定出切实可行的学校管理制度，学校办公室调整并完善了《弹性工作制工作办法》。主要内容包括：

（1）在不影响当日授课以及正副班有效协调前提下，可将上班时间推迟到 10：00。

（2）如因参加课后服务，工作自 8：00 至 17：30，无法当日延迟或日常补休的，可按时长存休（周一至周四可记作 1 小时存休，周五可记作 1.5 小时）。

（3）实行弹性工作制的员工须保证通信畅通，确保与学校、同事及家长的联络畅通，如由于个人原因造成信息不畅，将根据实际情况追究个人责任。

（4）组长按照制度要求保证及时记录，教师、组长共同填写相关表格，保证了教师的知情权、组长的监控权、教导处的审核权，有利于进一步推进考勤管理制度。

（5）将教师未使用的存休小时，每学期一次性进行奖励，从而保证了每学期清零。

（6）每天上下班时间，教师在本组群中进行上下班打卡，主要上报上下班具体时间，如果调休或弹性上下班应准确记录。[1]

三、课后服务教师激励

与上述保健因素相对应的另一类因素是激励因素。激励因素是指那些能带来积极态度、满意和激励作用的因素。保健因素的提升只能做到"没有不

---

[1]　案例来源：中国音乐学院附属北京实验学校刘祖艳。

满意"，但是"没有不满意"不代表就是"满意"，只有激励因素的提升才能实现"满意"。激励因素与工作本身或工作内容有关，包括成就、赞赏、工作本身的意义及挑战性、责任感、晋升、发展等。这些因素如果得到满足，可以对人产生很大的推动和促进作用。

课后服务工作中的激励因素包括与之相关的教学价值感知、教学成果期望、职称评定优先权等。例如，服务学生获得精神满足，学生能力得到提升，教师能力得到提升，职称评定优先权，评优评先优先权，等等。有研究表明①，教师通过服务学生而收获价值感，使自身获得精神满足，能够显著提高教师课后服务参与意愿；在课后服务过程中，教师感知到的学生各种能力提升越明显，教师参与课后服务意愿越强。但激励因素"职称评定优先权"与"评优评先优先权"对教师的激励作用并不显著。一方面，这说明教师所获得的教学价值感对教师的内在激励作用更加直接有效；另一方面，"职称评定优先权"与"评优评先优先权"的激励周期更长，评选因素更多维，从而短期内对教师课后服务参与意愿的激励效果并不显著。因此，学校对教师激励的重点应放在引导教师通过感知教学过程中学生的能力提升，获得教学满足感与成就感，进而内化为参与课后服务的内在动机上。

西单小学课后服务的课程有三分之二是由本校教师承担的，教师的潜能随着课程的进行也在不断地被激发，学生对教师所教课程的喜爱也使得任课教师的自豪感油然而生。此时，学校领导想把课程的成果进一步深化，组织教师撰写课后服务课程的学案，把零散的课程系统化。一部分任课教师一听就表示反对，觉得花费时间和精力太多不值得，于是学校领导动员愿意写的教师先写一部分，然后在公开场合分享他们写学案的收获和感受，并把学案印制成纸质版，署上教师的姓名。这样，教师不仅留下了自己的教学设计闪光点，在撰写学案的过程中还生发了很多新的想法，把原来教过的课程又进行了修改和完善，教师说，看着自己写的学案，就像看自己的孩子，怎么都

---

① 高巍，杨根博，龚欣. "双减"深化期如何提升教师参与课后服务的积极性：基于四省中小学教师调查的实证研究［J］. 教育与经济，2023，39（5）：36-44.

觉得有成就感，不仅将课后服务的课程系统化了，对课内的教学设计也有很大的提升，有时候"写"要比"想"和"说"需要更深入的思考。学校请这样的教师和还没有动手写学案的教师形成合作小组，一起设计和完成学案的撰写。在这样的推动和激励下，所有教师都完成了课后服务学案的撰写，当拿到一本本样书时，教师脸上幸福的笑容就能说明他们得到了成长和收获。有了这样的经历，学校现在完善学校"雏鹰贯通"课程内容时，推动起来就特别顺畅，教师不怕写，愿意写，肩负着责任去写，觉得学校的课程建设是每个教师义不容辞的责任。对专业价值提升的感知是教师最大的动力。①

第二节　课程安排与参与

科学地排课是确保正常教学秩序的重要依托，它为教与学提供了比较合理的时序设置，使得各类教学活动规范化和制度化，有利于学校教学工作的自动运行。通过排课可以充分协调各类教学资源，实现优化配置，提高教室、操场等设施设备的使用率。充分利用好每个课时，是课后服务取得实效的基本前提。

一、课后服务排课模式

课后服务有着比较多元化的目标、内容和形式，又在相对统一的时间内开展，因此，在实施过程中需要整体设计好各年级各时段的安排。这样，一方面确保了各项活动前后顺序和所占时长科学合理，便于有序执行和对学校场地整体统筹；另一方面充分体现了学校的课后育人理念和课程供给能力。

---

① 案例来源：北京市西单小学苏海燕。

课后服务排课一般需要考虑以下因素的影响：

（1）课后服务内容与结构：学校计划在课后服务时段为学生提供哪些内容的课程和活动，这些内容和活动分为几大类。总的来说，课后服务内容包括课业辅导、集中活动（如德育、劳动、体育锻炼等）、个性化素质拓展等几大类。

（2）学生课后学习与活动的实际需求：从学生身心发展和课后时间安排来说，哪些课程适合先上，哪些适合后上。例如，对于低年级学生来说，已经在教室上了一天课，课后服务继续坐在教室学习可能会造成学生在身体和心理方面的疲惫，这时就需要通过一些活动类的内容进行调节。

（3）教师资源的实际需求：对于校内教师来说，如何排布便于教师工作的衔接，特别是如何确保教师的集体教研时间；对于校外教师来说，是集中一天统一入校便于管理，还是每天分批由不同校外人员进校更容易管理。

（4）场地资源的实际条件：由于全校统一时段开展课后服务，那么操场、教室等场所交错使用才能达到效益最大化。

（5）时间因素：课后服务时间如何分割才能实现与课堂教学不同的课时优势，让学生有更多时间在实践中体悟、探究和创造。

以北京市海淀区实验小学（某校区）为例，该校区课后服务周一、周三、周五为两时段，以基础巩固类内容为主，每段一小时，确保所提供内容能够被学生消化吸收，不造成过度负担。周二、周四为素质拓展内容，这些内容需要有比较连续的长时段让学生进行充分实践探索，因此，采用两小时的课时设置。每周两天有体育活动时间，考虑到运动空间分配问题，每天相邻年级体育活动时间交错安排，这样可以有效利用有限空间。① 北京市海淀区实验小学（某校区）课后服务课程样表见表5-1。

---

① 案例来源：北京市海淀区实验小学宋继东。

表 5-1　北京市海淀区实验小学（某校区）课后服务课程样表

年级	班级	周一		周二	周三		周四	周五	
三年级	三1	体育	课业辅导	编织艺术	体育	课业辅导	书法	课业辅导	迈向深蓝
	三2	体育	课业辅导	编织艺术	体育	课业辅导	书法	课业辅导	
	三3	体育	课业辅导	编织艺术	体育	课业辅导	书法	课业辅导	
	三4	体育	课业辅导	棋类竞技	体育	课业辅导	书法	课业辅导	
	三5	体育	课业辅导	棋类竞技	体育	课业辅导	书法	课业辅导	
	三6	体育	课业辅导	棋类竞技	体育	课业辅导	书法	课业辅导	
	三7	体育	课业辅导	生活中的科学	体育	课业辅导	书法	课业辅导	迈向深蓝
	三8	体育	课业辅导	生活中的科学	体育	课业辅导	书法	课业辅导	
	三9	体育	课业辅导	生活中的科学	体育	课业辅导	书法	课业辅导	
四年级	四1	课业辅导	体育	人工智能	课业辅导	体育	民俗魅力	课业辅导	迈向深蓝
	四2	课业辅导	体育	人工智能	课业辅导	体育	民俗魅力	课业辅导	
	四3	课业辅导	体育	人工智能	课业辅导	体育	民俗魅力	课业辅导	
	四4	课业辅导	体育	人工智能	课业辅导	体育	民俗魅力	课业辅导	
	四5	课业辅导	体育	民俗魅力	课业辅导	体育	人工智能	课业辅导	迈向深蓝
	四6	课业辅导	体育	民俗魅力	课业辅导	体育	人工智能	课业辅导	
	四7	课业辅导	体育	民俗魅力	课业辅导	体育	人工智能	课业辅导	
	四8	课业辅导	体育	民俗魅力	课业辅导	体育	人工智能	课业辅导	
五年级	五1	体育	课业辅导	迷你江山	体育	课业辅导	宠物饲养	课业辅导	心理
	五2	体育	课业辅导	迷你江山	体育	课业辅导	宠物饲养	课业辅导	
	五3	体育	课业辅导	迷你江山	体育	课业辅导	宠物饲养	课业辅导	
	五4	体育	课业辅导	迷你江山	体育	课业辅导	宠物饲养	课业辅导	
	五5	体育	课业辅导	建筑之魂	体育	课业辅导	旅游规划师	课业辅导	心理
	五6	体育	课业辅导	建筑之魂	体育	课业辅导	旅游规划师	课业辅导	
	五7	体育	课业辅导	建筑之魂	体育	课业辅导	旅游规划师	课业辅导	
	五8	体育	课业辅导	旅游规划师	体育	课业辅导	建筑之魂	课业辅导	心理
	五9	体育	课业辅导	旅游规划师	体育	课业辅导	建筑之魂	课业辅导	
	五10	体育	课业辅导	旅游规划师	体育	课业辅导	建筑之魂	课业辅导	
	五11	体育	课业辅导	宠物饲养	体育	课业辅导	迷你江山	课业辅导	心理
	五12	体育	课业辅导	宠物饲养	体育	课业辅导	迷你江山	课业辅导	
	五13	体育	课业辅导	宠物饲养	体育	课业辅导	迷你江山	课业辅导	
	五14	体育	课业辅导	宠物饲养	体育	课业辅导	迷你江山	课业辅导	
六年级	六1	课业辅导	体育	剧场课程	科技创新2小时		灯笼	课业辅导	
	六2	课业辅导	体育	剧场课程	科技创新	课业辅导	灯笼	课业辅导	心理
	六3	课业辅导	体育	剧场课程	科技创新	课业辅导	灯笼	课业辅导	
	六4	课业辅导	体育	剧场课程	棋类竞技	课业辅导	灯笼	课业辅导	
	六5	课业辅导	体育	剧场课程	棋类竞技	课业辅导	灯笼	课业辅导	
	六6	课业辅导	体育	剧场课程	棋类竞技	课业辅导	灯笼	课业辅导	心理
	六7	课业辅导	体育	剧场课程	棋类竞技	课业辅导	灯笼	课业辅导	
	六8	课业辅导	体育	剧场课程	千变万化的纸	课业辅导	灯笼	课业辅导	
	六9	课业辅导	体育	剧场课程	千变万化的纸	课业辅导	灯笼	课业辅导	
	六10	课业辅导	体育	剧场课程	千变万化的纸	课业辅导	灯笼	课业辅导	
	六11	课业辅导	体育	剧场课程	守护海洋2小时		灯笼	课业辅导	
	六12	课业辅导	体育	剧场课程	守护海洋	课业辅导	灯笼	课业辅导	
	六13	课业辅导	体育	剧场课程	守护海洋	课业辅导	灯笼	课业辅导	
	六14	课业辅导	体育	剧场课程	守护海洋	课业辅导	灯笼	课业辅导	

再以首都师范大学附属顺义实验小学（以下简称首师大顺义附小）为例，其学校班级课后服务安排表贯通了学生的整体生活。首师大顺义附小班级课后服务安排见表 5-2。

表 5-2　首师大顺义附小班级课后服务安排

节次	周一	周二	周三	周四	周五	
第 1 节	作业辅导	语文阅读	数学答疑	英语答疑	心理健康	在地研学
第 2 节	社团联排	作业辅导	作业辅导	作业辅导	作业辅导	
第 3 节		体育活动	多彩课程	语文答疑	大扫除	年级月赛

　　"作业辅导"与"学科答疑"关注国家课程提质与课后服务补给贯通，基于学生一日学习效果打通时间壁垒；"体育活动""社团联排""心理健康""大扫除"关注"生长课程"框架与学生兴趣贯通，基于学生一周生活健康样态打破时空界限；"在地研学""年级月赛"关注课程拓展与活动开展贯通，基于学生一月课程体验打破班级、学校与社会地域界限；"多彩课程"关注不同授课内容与授课时间贯通，基于学生一学期整体收获，打破学习内容与学习时间固化界限。①

　　课后服务排课模式受到学校课程理念、管理模式、课程供给能力等多方面的影响，不同学校的排课模式有着较大的差异，从整体看，根据课程的自主选择程度可大致分为三类基本模式：固定日+多选日，固定内容+多选内容，自主选择与规划。其他模式均是在这三类基础上进行的改进。

　　固定日+多选日：指每周有几天课后服务内容全部为统一安排，不提供学生自主选择课程，另外几天专门提供多样的课程，供学生自主选择。这种模式的好处在于相对比较容易操作，统一安排日管理难度较小，而多选日能够满足学生的差异性要求，同时又能够为本校教师争取休息和专业研修的权益时间。

　　例如，北京小学长阳分校课后服务排课分为三种班型。①自然班：以多内容、多形式方式授课，开拓学生全方位视野，于每周一、周二、周四、周五开展活动。②菜单式走班：以多课程、多导师开设，根据学生兴趣，多种类设置课程，学生自主选择，培养学生全面发展，于每周三开展。③精品校队：由专业教练依据选拔标准进行筛选，以培养学生特长，助力学生专业发

---

　　① 案例来源：首都师范大学附属顺义实验小学。

展，于周一至周五开展相关活动。①

例如，延庆区第一小学围绕"办全国闻名百年老校，育文武全才现代少年"的办学目标，学校课外活动时段安排一天经典阅读、绘本阅读，指导学生阅读方法，扩展阅读量；一天劳动教育；其余三天进行课外兴趣小组活动。②

固定内容+多选内容：指在同一天内，将课后服务划分为不同时段，有些时段为统一固定内容，有些时段为自主选择内容。这种模式为学生提供了丰富的选择，让学生每天都有期待，都能获得个性化发展的机会，但是对于学校课程供给能力也提出了更大的挑战，必须有大量的课程以备选择。

例如，通州区芙蓉小学采用"两段式"课后服务，让时间规划发挥最大效能。每天的课后服务安排课后辅导答疑和选修课程两项内容。学校的课后辅导由本班任课教师承担，按照年级段特点和参与学生的人数，中高年级安排在第一时段，低年级安排在第二时段。课后答疑由学校骨干教师自愿申报，按学科每周固定时间、固定地点进行。"选修课程"促进学生综合素质提升。低年级安排在第一时段，中高年级安排在第二时段。学生根据个人兴趣，自主选择参与德育、智育、体育、美育、劳动教育等主题课程。以落实五育并举，促进学生全面发展为目标。③

自主选择与规划模式：这种模式为学生提供了充分的自主规划空间，在充分的可选择课程供给下，课后服务时间全部由学生自主决定，学校不做任何统一安排，真正做到一人一课表。该模式对学生的自我管理能力、学校的课程供给能力以及学校的协同管理能力均提出了很高的要求。

例如，在北京市十一学校，学生可选择放学后体育锻炼、自习答疑、学科约见、自主社团、学校专题活动等。学生申报个人课后服务规划，经导师同意后生效。个人规划的不同内容汇总到相应负责教师处，由该教师进行组

---

① 案例来源：北京小学长阳分校雷宇、孙雪娜。
② 案例来源：北京市延庆区第一小学杜健。
③ 案例来源：北京市通州区芙蓉小学张明。

织管理。课后服务既有学校教师提供的内容，也有外聘人员提供的内容，更有学生自行开发的活动内容。课后服务不仅为学生提供了看管和教育，更是提供自我管理、同伴共生的沃土。

二、课后服务自主申报

课后服务是因需而设的教育服务，是否参加、参加什么内容要依据学生和家长的意愿决定，不可强求，因此必须实施学生自主申报程序，充分尊重学生和家长的主体性，实现学生的个性化发展。自主申报便于学校根据选课人数统筹课程资源，也便于学校日后进行学生管理。为了提高申报效率，学校应尽量利用网络化手段开展申报工作。如果学校在网络建设方面缺少自己的平台，可借助教育部全国基础教育管理服务平台中的课后服务模块功能进行电子选课。

选课基本程序如下。

公布课后服务课程计划：学校公布已具备的课后服务课程计划，内容包括课程内容、目标、时间、地点、班额、师资、周期、条件要求等信息。

自主选择课程：学生和家长根据自己的兴趣和需求，自主选择感兴趣的课后服务课程。

提交申请表：学生和家长填写并提交特定的申请表格，表明申请参加相关课程的意愿。

学校审核：学校对申请进行审核，根据课程容量确定参加学生名单。

发放通知单：学校给审核通过的学生发放正式课后服务课程通知单。

按时参加：学生按通知单的时间地点要求，持通知单按时参加。

在选课过程中，有两点需要特别注意。第一，对于申报人数超过招生人数的，学校要公布录取原则，保证公平公正，同时要及时为未录取学生提供第二选择。建议在同一学段内，可重复开设一些热门课程，使更多学生有学习的机会。第二，对于有条件的学校，可以采用体验课制度，给学生一至两次体验课程的机会，如果不满意可以提出申报修改。

三、课后服务考勤管理

由于课后服务经常采用走班形式，因此要通过考勤制度加强学生管理，确保学生安全、按时上课。学校要建立课后服务考勤管理制度，对每节课的教师和学生做好考勤记录，按时段有序组织学生集体离校，将学生交接工作做细做实。当学生因病因事不能参加时，要及时向相关任课教师请假，教师备案记录原因。对于个别确须提前离校的学生，学校在尽量满足学生和家长的同时，也要做好审批和报备。鼓励学校通过信息科技手段优化考勤管理。

顺义区龙湾屯小学利用在线协作表格形式进行协作，安排、调整、多人同时修改、实时共享，保障每天参加课后服务的学生去留清晰，安全责任明确。为保障双向精准安排，从教学内容到学生在校时间做到无缝衔接，全程确保安全，每周提前根据需求安排，包括每个学生每天参加哪一个课程或社团，保障每天课后服务的教师、学生、地点、内容科学明确，安排后分享给班主任。班主任根据学生实时情况进行调整，如新加入课后服务、换社团、因病请假等，新增的填写学生姓名、请假的标红。每天课后服务前要再次查看协作表，对人数过多、过少，根据天气、地点等进行调整。每天课后服务的第一阶段，班主任对学生公布第二阶段的内容、地点等信息，强调课后服务注意事项。课后服务教师则组织学生站队并将其带到专业教室，点名核实人数，强调要求后进行服务，服务结束组织学生站队并带到学校门口交给家长接回家。值班干部则管理弹性离校的学生，服务结束，全部学生被家长接走后才离开校门口。①

---

① 案例来源：北京市顺义区龙湾屯小学。

第三节　安全制度与实训

保障安全是提升人民幸福感与获得感的基础。习近平总书记强调，新时代必须"树立安全发展理念，弘扬生命至上、安全第一的思想，健全公共安全体系，完善安全生产责任制，坚决遏制重特大安全事故，提升防灾减灾救灾能力"①。校园安全狭义上讲是指学校能有效管理区域的安全，即校园内师生学习、工作、生活都平安，没有危险；但从广义上讲，师生安全范围应包含师生活动所涉及的区域，因此，校园安全广义上讲是指突然发生于校园内外危害师生、员工安全的紧急事件与处理防范行为。做好课后服务的安全管理是课后服务最基本也是最重要的保障。

一、课后服务安全制度

按照我国教育系统的突发公共卫生事件应急管理制度，校园突发公共事件分为：社会安全类、公共卫生类、事故灾害类、网络和信息安全类、自然灾害类、考试泄密违规类及影响学校安全稳定的其他类突发公共事件。课后服务和其他学校活动一样，其安全问题具有多样性、破坏性、突发性、敏感性等特点②，安全问题一旦发生，不仅对直接当事人具有恶劣影响，对学校其他学生、教师乃至家长和社会都有负面作用。因此，学校安全管理的首要任务是建立防范机制，首先要从制度建设的角度为日常安全管理提供规范和要求，通过细致、切实的制度落实有效减少安全事故的发生。学校可根据《中小学幼儿园安全管理办法》《学生伤害事故处理办法》《中小学公共安全教育指导纲要》《关于完善安全事故处理机制维护学校教育教学秩序的意见》等法

---

① 习近平在中国共产党第十九次全国代表大会上的报告 [EB/OL]. （2017-10-28）[2019-04-12]. http://cpc.people.com.cn/n1/2017/1028/c64094-29613660.html.

② 贾水库，刘伟，满园春，等. 校园安全及其特点分析 [J]. 安全，2015，36（3）：35-38.

规文件，结合学校具体实际，制定并完善学校安全制度体系，使课后服务安全工作有制可依，有章可循。

安全制度是安全管理工作科学化、规范化的文化载体，它对师生员工在教学、管理、服务、生活中的安全行为具有明确的指导、约束功能，是做好安全工作的重要保证。目前一些中小学在制度建设方面主要存在着"微观的多，宏观的少；规定性的多，协调性的少；目标性的多，过程性的少；约束性的多，激励性的少"① 等问题。安全管理体现在学校管理的各个方面，管理者要对教育教学的各个环节提出安全要求，并对校内安全防范重点环节、重点区域和重点时段加强管理，严防出现安全管理的盲区，消除教育教学中存在的安全隐患。从长效机制的角度要求，主要包括：安全管理培训制度、安全管理公示制度、安全隐患自查制度、安全管理首问制度、安全管理档案制度、安全管理预警制度、安全事故应急预案度、安全管理巡查制度、安全事故报告制度、安全事故责任追究制度、安全管理民主评议制度、安全管理考核制度、安全隐患自查制度、门卫制度、定期检查制度、学生安全信息通报制度、消防安全制度、饮食管理制度、保密制度、水电气安全管理制度、学校财产管理制度、教学安全制度、实验室管理制度、传染病疫情报告制度、大型集体活动安全制度、体育活动安全制度、食堂卫生制度、卫生保健制度、用车管理制度，以及禁止私自下河、下江、下塘游泳的规定等。这些制度虽然不是为课后服务单独设立的，但是其中内容都涉及课后服务，都应作为课后服务安全制度的组成部分。

从课后服务的特殊性来说，还需要一些更加具体的制度规定，如学生走班安全管理制度、学生自习管理制度、弹性放学门岗交接制度、低年级放学后加餐食品安全制度、校外人员入校管理制度、出校活动风险防控制度，等等。

---

① 丁海榕. 加强校园安全管理初探［J］. 江苏警官学院学报，2011，26（6）：120-123.

二、课后服务安全实训

《中小学公共安全教育指导纲要》明确提出，中小学公共安全教育的基本目标是"通过开展公共安全教育，培养学生的社会安全责任感，使学生逐步形成安全意识，掌握必要的安全行为的知识和技能，了解相关的法律法规常识，养成在日常生活和突发安全事件中正确应对的习惯，最大限度地预防安全事故发生和减少安全事件对中小学生造成的伤害，保障中小学生健康成长"。为实现这一目标，要开展多种形式的安全教育，如安全知识讲座、安全知识竞赛、编写安全常识手抄报、表演安全小品、出安全主题黑板报、书写安全警示标语，利用升旗仪式、班会、校会、参观等形式，形成多角度、全方位的安全文化氛围。可以借助视听、动漫、录播等数字化技术为中小学安全教育开发较为全面和系统的基础性认知教学资源，形成安全主题教育系列微课，用以解决目前中小学安全教育专业师资不足、课程系统性和规范性较差的问题。

结合中小学生、特别是小学生习惯于形象思维的认知特点，安全教育应设计更多安全技能培训和实际演练，在具身学习中强化意识、技能、习惯。实训演练可以从三方面入手。第一方面，人-人演练，事先拟定好问题场景，比如物品收纳不妥导致物品损坏或人员伤害，这时应如何应对，同学间、同学教师间可开展案例教学，通过演练分析，提炼处理问题的原则共识，形成对安全事件从防范到处理的连贯能力。第二方面，人-机演练，通过虚拟现实（增强现实）、动感技术等现代教育装备，创设现实中难以呈现的虚拟场景，如火灾、地震、爆炸、交通事故等，为中小学安全教育提供具体、生动的体验式学习环境，用以解决目前中小学安全教育课程缺少场景、体验性不足的问题。第三方面，人-环境演练，课后服务要求学生更充分、更集中地在学校中流动，因此要在实训中提高环境适应性，例如，如何快速找到不同教室，如何在分散流动中避免冲突，在教师视线之外发生身体问题时如何最快联系教师，一旦身边出现危险人物该如何逃脱，等等。演练过程中做到教育与演练相结合、动脑与动手相结合、强化意识与习惯养成相结合，使师生掌握紧急逃生的基本方法和自救的基本技巧，提高师生应对突发事件的能力。

安全实训可以作为课后服务本身的一个课程，在学期初实施，既提升了学生的安全素养，也为课后服务的安全进行提供了保障。安全实训项目设置要贴近实际，选择与学生生活密切相关的场景和潜在事故进行模拟。实训过程要循序渐进，由浅入深，不能一次性过度强化难度，以免对学生造成负面影响。要确保学生的人身安全，对可能产生伤害的实训项目要采取必要的防护措施。要针对不同年龄段学生的身心特点设计实训方案，使之切合认知规律。实训要点要清晰，事前要明确定义实训目标，事后要总结回顾，强化巩固。要让学生明确知道实训的目的和意义，充分理解每个实训环节。可以设置一定的激励机制，通过实训考核奖励学生的表现，增加学习动力。可以适当引入一些趣味元素，以活泼的形式增加实训的吸引力。实训结束后，要进行评价与反思，及时优化完善实训方案。教师要充分演练，熟练掌握实训程序，确保实施效果。要突出学生主体地位，避免教师过多干预，让学生真体验、真发现、真感悟、真总结。

三、课后服务应急预案

学校危机应对预案对是指为避免或减少学校突发事件所造成的损害而采取的预测预防、事件识别、紧急反应、应急决策、处置以及应对评估等管理行为。它是学校及有关管理机构在突发事件的产生、发展过程中，通过建立必要的应对机制，采取一系列必要措施，防范、化解危机，恢复学校秩序，保障师生正常工作、学习生活，维护学校稳定，促进学校平安、校园和谐的活动。学校要根据本校实际，认真研究应急管理，制定应急预案，以防不测。

对于课后服务，需要制定应急预案的事件包括但不限于以下内容：

火灾事故：课后服务涉及一些实验或者手工操作，存在火灾隐患。

极端恶劣天气：部分课后活动在室外进行，恶劣天气可能危及人身安全。

学生受伤：高强度运动或意外事故造成学生受伤需要紧急救治。

设施设备故障：如电梯等设施设备突发故障，需要紧急处置。

流行疫情：疫情扩散需要启动隔离防控措施。

失踪学生：个别学生在活动时走失，需要紧急寻找。

暴力伤人事件：发生少数学生打架斗殴或者伤害其他人的事件。

当上述情况发生后，要启动预案，预案的重点是保证师生生命安全，并控制事态扩大，减少损失。紧急事件预案内容见表 5-3。

表 5-3　紧急事件预案内容

序号	紧急预案内容
1	应急小组成员及分工：组建专门应急小组，并明确成员的职责分工
2	报警程序和流程：建立报警流程、执行命令链、应急指挥系统
3	紧急疏散和避险方式：设定疏散路线，指导师生正确避险
4	重要场所和设施的处置：如实验室关闭气体电源等
5	医疗救助和心理辅导：明确提供医疗救助和心理危机干预的方式
6	与家长联系和沟通：建立联系家长机制，就事件通报和处理方案进行沟通
7	各相关部门的配合：公安局、医院、政府等部门的联系方式和配合事项
8	应急资源和后勤保障：应急资源目录及保障方式
9	演练评估和预案更新：规定应急预案的定期演练和评估更新机制

第六章

义务教育课后服务资源使用

资源是从事各级各类教育活动的条件和基础，优质的课后服务资源更是学校开展课后服务的重要支撑，是课后服务质量的前提条件。课后服务资源的使用除了关注其经济价值，更应关注教育价值。

第一节 课后服务师资来源

一、深入挖掘和盘活校内人力资源

课后服务以本校人员为主，党员和骨干教师率先垂范，调动全体教职员工开展课后服务的积极性。深入挖掘和盘活校内人力资源，发挥教师专业和特长优势，因人制宜、因校施策，探索教师跨学科、跨学段开设课后服务实践创新。充分利用学校音体美师资力量，鼓励本校教师发挥特长优势，开发具有校本特色的课后服务，扩大课后服务的师资及课程资源供给。[1]

---

[1] 赵平，胡咏梅. "双减" 背景下中小学教师减负：问题、成因与对策 [J]. 首都师范大学学报（社会科学版），2023（5）：151-161.

（一）立足学生的需求，发挥教师学科优势和自身特长

教师在教学过程中积累了丰富的学科知识和教育经验，同时也有各自的特长和兴趣爱好。教师可以发挥自身的特长，组织学生开展科普、文体、艺术等丰富多彩的服务活动，通过实际行动来反思具体问题，在实践中拓宽专业发展之路。[①] 通过发挥教师学科优势和自身特长，为学生提供更多元化、有针对性的课后服务。

一方面，教师可以根据自身的学科优势，为学生提供学科知识的深化和拓展。不同教师在不同学科领域具备各自的专业知识和研究方向，可以针对学生的学科需求，提供更深入的学习指导。例如，数学教师可以进行数学答疑辅导和开设思维课程，帮助学生解决数学难题和提高解题能力；语文教师可以组织文学阅读小组，引导学生深入理解文学作品的内涵和风采。教师通过发挥学科优势，为学生提供更专业和精细化的学习指导，促进他们学科能力的提升。

例如，北京市顺义区李桥中心小学校充分调研教师特长与服务志愿，根据教师所教学科进行统筹分配。结合学校整体工作，科学安排，做到人人参与，各尽所能，各展所长。班主任负责辅导与答疑，骨干教师负责培优与拓展，值班教师负责延时托管，任课教师负责兴趣拓展，学校职工加入服务团队。[②] 北京市朝阳区日坛小学充分发挥学科教师的主观能动性，结合教师所教学科开设课后服务拓展课。语文教师根据教学大纲和学生特点，设计诗词、阅读、写作的拓展课程，提升学生的语文素养，激发学生对于传统文化的探究精神。美术教师在艺术品编织上很有造诣，因此，开设工艺编织课程，让孩子们在动手动脑中，提升创造力和审美能力。[③]

另一方面，教师可以利用自身特长和兴趣爱好，为学生提供多元化的课

[①] 代薇，谢静，崔晓楠. 赋权与增能：教师参与课后服务"减负增效"路径研究［J］. 中国教育学刊，2022（3）：35-40.

[②] 案例来源：北京市顺义区李桥中心小学校刘秀清。

[③] 案例来源：北京市朝阳区日坛小学王蕙、刘海娜、苑长红、张贝迪。

后服务。教师不仅在学科知识上有所专长，在其他领域也可能有特长和独特技能。例如，有些教师擅长音乐、绘画或体育等艺术和运动方面的活动，他们可以开设音乐、美术或体育俱乐部，为学生提供相关的兴趣培养和技能训练。此外，一些教师还可能具备一定的心理辅导和情绪管理知识，可以为学生提供心理咨询和情绪管理的帮助。通过发挥自身特长和兴趣爱好，教师可以为学生提供更全面、多元化的发展机会，培养他们的综合素养和个性特长。例如，延庆区第二小学发挥教师特长，鼓励教师自主申报课程，丰富学生校园学习体验。学校采取"教师自主申报课程项目——学校按年级特点统筹设置相应课程——学生自主选择喜欢的课程"的流程，共开设年级兴趣班29个。科学教师开设了植物、天文、科幻画、科技小制作、科技实践等课程，分别对应了物质科学、生命科学、地球与宇宙科学、技术与工程四大科学领域，有效发挥教师专长。[①]

(二) 成立自管理组织，调动教师课后服务积极性

成立自管理组织是调动教师参与课后服务积极性的有效途径。通过组建校内课后服务教师委员会或课后服务协同管理协会等组织，教师可以在其中承担不同的角色，承担不同的责任，参与到课后服务的规划、实施和评价中来。

校内课后服务教师委员会可以由热心的教师自愿组成，它不仅是教师之间交流课后服务经验的平台，更是促进课后服务质量提升的重要力量。委员会可以定期召开会议，讨论课后服务中遇到的问题，分享成功的案例和经验，制定有针对性的解决方案，从而提高课后服务工作的专业性和效率。委员会还可以作为教师与学校管理层之间的桥梁，反映教师在课后服务工作中的需求和建议，促进校方提供更好的支持和资源。

课后服务协同管理协会则可以更加注重跨学科的合作，鼓励来自不同学科的教师共同参与课后服务项目的设计与实施。例如，艺术教师和体育教师

---

① 案例来源：北京市延庆区第二小学吴晓利。

可以联合开展课后舞蹈与体操结合的活动，既丰富了学生的体验，也拓展了教师的教学领域。通过这种跨学科合作，教师的专业能力得以相互促进和提升，课后服务的内容也将得以创新和更加多元化。

此外，自管理组织还可以倡导教师自主研发课后服务课程和活动，提倡创意教学和个性化教学。这不仅能激发教师的创新精神，还能提升课后服务的吸引力和教育效果。组织内部可以设立奖励机制，对那些设计出色、反响良好的课后服务项目给予表彰和奖励，进一步激发教师的积极性。

通过这样的自管理组织，教师在享有更大的自主权和创新空间的同时，也能够更加积极主动地参与到课后服务工作中，共同努力打造高质量、多样化的课后教育环境，从而有效提升学生的综合素质和学校教育的整体水平。例如，北京市西城区师范学校附属小学成立青年学术委员会和阅读指导委员会两个教师自主管理组织，激发教师开展课后服务的热情。组织内的成员由教师自愿报名和全校教师票选产生。第一届青年学术委员会的成员由 13 位来自不同学科、不同岗位的青年教师担任。除了日常论文评选、课题申报工作，还与课程中心共同负责"让我们一起学习"综合课程的审批和管理工作。阅读指导委员会的委员们是由来自不同学科的教师组成，这些委员自愿走到一起组织全校师生的阅读分享工作。①

二、"双向选择"适当引入校外人员

对于科普、文体、艺术等兴趣拓展类课后服务，通过"双向选择"的机制，借助社会力量为学生提供更为广泛和专业的服务。② 学校与校外人员基于相互需求和共赢的原则，进行精准对接，扩展课后服务师资队伍的专业广度和深度，为学生提供更加多元化的学习体验。

引进的校外人员，首先可以是少年宫、科技馆等校外教育机构的专业人

---

① 案例来源：北京市西城区师范学校附属小学高珊。
② 周玲."双减"背景下的课后服务供给方式及质量评估［J］．中小学管理，2021（12）：35-38.

员。这些人员通常拥有丰富的实践经验和创新能力，能够激发学生的探索兴趣和实践能力。例如，科技馆的专业人员可能会带来最新的科技成果展示，或者是一些科普活动，让学生在互动中学习科学知识。退休教师也是宝贵的教育资源，他们往往拥有丰富的教学经验和教育智慧。学校可以根据需要，邀请退休教师参与教学或者教研活动，为青年教师提供指导，或者直接参与课程教学，为学生传授知识。其他学校的优秀教师，如集团校、轮岗学校、手拉手学校的优秀教师等，也是重要资源，他们可能在某些学科或教学方法上有独到之处，学校可以通过教师交流、聘任兼职教师等方式，促进教学方法的更新和教育理念的拓展。经过培训的大学生志愿者能够为学校带来新鲜的活力和创新的视角，他们可以协助开展课后辅导、社团活动和科研项目等，促进学生的全面发展。高校科研机构的专业人员通常在学科研究和高端技术方面有较深的造诣，他们能够为学校的科研项目提供专业指导，为学生的科研活动提供实践平台，推动校内外科研资源的共享。非学科类教育培训机构的专业人员，如音乐、美术、体育等领域的专家，可以为学校的艺术教育和体育教育注入新的元素，丰富学生的课外生活，提高学生的艺术修养和身体素质。各行业领域的优秀人才，如企业家、工程师、艺术家、科学家等，他们不仅能分享行业知识和经验，还能为学生提供职业发展的参考和指导，激发学生的职业兴趣，帮助学生更好地规划未来。

校外人员的引入须保证其专业性与适应性，确保他们能够与学校的教育教学工作相融合，同时也要注意保护学生的安全，确保所有的合作都在一个合法、合规的框架内进行。

（一）以"宫馆家"公益类机构人员为主

"宫馆家"是指少年宫、科技馆、少年之家。倡导引入校外人员率先考虑"宫馆家"资源，探索公益性社会组织课后服务供给。① 一方面，"宫馆家"

---

① 吴开俊，庹紫林，黄炳超. "双减"政策下课后服务的生态变化及多元协同 [J]. 中国教育学刊，2023（3）：12-17.

机构有其专业性和多样性。少年宫、科技馆、少年之家通常有专业的教育团队和多样的教育资源，可以提供从艺术到科学的广泛课程和活动。这些机构的专业性保证了课后服务的质量，可以吸引和满足不同学生的兴趣和需求，从而丰富他们的学习体验和知识背景；另一方面，"宫馆家"引入课后服务存在资源共享与协同效应。"宫馆家"作为公共教育资源，其开放的特性使得学校能够与这些机构共享资源，建立起校外学习的平台。这种资源共享不仅优化了教育资源的配置，还能通过校外的专业指导和活动，增强学生的实践能力和社会交往能力。

以北京市第三十五中学为例，面对教师资源短缺，学校选择主动出击，积极挖掘、整合校外教育资源，选择与有资质的社会力量合作来破解供需困境。学校基于学生兴趣需求积极利用社会教育资源，与西城区青少年科学技术馆、西城区体育局、中央民族乐团、中国音乐学院、解放军军乐团等机构，一起开发设计课后服务课程，精选课程项目，丰富课程供给，提升课程品质。课后服务课程受到了学生的欢迎与喜爱。[①]

（二）多样化校外人员的引入

学校应针对不同年龄段和需求的学生，确立课后服务内容，筛选具备相关背景与经验的校外人员。可以是来自高校的专业工作者；也可以是来自积累了丰富活动经验的相关社会团体[②]；还可以是艺术界的画家、音乐家，科技领域的工程师、科研人员，体育界的教练、运动员，甚至是商界、文学界等各行各业的专业人士。

学校需与校外人员进行充分沟通，明确他们的角色与责任，设计符合学生兴趣和教育目标的服务项目。课后服务项目应注重实践性与互动性，如设立科技创新工作坊、艺术表演小组、体育竞技训练班等，让学生在参与中学习、在实践中成长。此外，还可以积极探索多种引入模式，拓宽服务资源，

---

① 案例来源：北京市第三十五中学宋京红、邱志锋。
② 袁德润、李政涛. 基于"活动"主角地位的"双减"课后服务路径探析［J］. 教育学术月刊，2022（5）：58-63.

形成共育合力。

引入家长资源。例如，垂杨柳中心小学劲松分校大力挖掘家长资源，引入学校课后服务课程，如在银行工作的家长给孩子们讲预防网络诈骗，在海关工作的家长讲预防走私法治宣传……共同为学生成长服务。①

引入校外培训机构。例如，北京市朝阳区日坛小学调研多家社会专门机构，引进优质资源，不断增强学校课后服务的吸引力。2021—2022 学年第一学期，学校引进棋类游戏、趣味体育、演讲口才、电影赏析等 12 个校外课后服务课程，以弥补学校在科普、文体、艺术类课程上的师资不足，优化学校课后服务的内容，努力为学有余力的学生拓展学习空间，促进学生全面发展、个性成长。②

多种资源同时引入。例如，延庆区第二小学坚持挖掘校内教师资源与引入外聘教师相结合的思路。针对外聘教师，学校严格准入和审批机制，按规范程序引入社会机构中的优质师资，聘请教研员、教科研中心教师、退休教师、青少年活动中心教师、专业机构教师、食堂面点师傅等，通过多种渠道解决了足球社团、小记者社团、机器人社团、面点社团等 24 个社团的师资力量。③

（三）聘请专家定期指导

为提高课后服务的专业水平和教育质量，聘请专家定期指导是一条高效的途径。专家团队通常由经验丰富的行业专家构成，他们能够带来最新的教育理念、科学的教学方法和丰富的实践经验，这对于学校课后服务的开展至关重要。首先，专家可以通过定期巡讲、参观工作坊和举办培训会议等方式，与学校教师交流，传授先进的教育技能和管理经验，提升教师的专业素养和教学能力。其次，专家团队可以根据学校的实际情况和学生的需求，提供量身定制的课程规划和活动设计建议，帮助学校打造具有特色的课后服务项目。

---

① 案例来源：北京市垂杨柳中心小学劲松分校马守凤。
② 案例来源：北京市朝阳区日坛小学王蕙、刘海娜、苑长红、张贝迪。
③ 案例来源：北京市延庆区第二小学吴晓利。

他们的参与不仅能够及时发现问题并提出改进措施，还能够通过数据分析和案例研究，为学校提供科学的决策支持。

通过聘请专家定期指导，学校的课后服务能够得到持续的优化和提升，这种做法已经在一些地区和学校中得到了应用并取得了显著效果。例如，北京市大兴区第七小学成立"大兴区杨广馨特级教师工作站大兴分站"，杨老师定期到学校开展有针对性的书法教学指导，引领教师积极开展书法教育研究活动。大兴区书法家协会主席窦志强，书法协会成员刘鑫、陈颖、乔石、张菁等教师，利用课后服务长期到校开展书法、篆刻社团教学工作。通过校内外教师资源整合，优势互补，形成了一支稳定的高素质、专业化、多元化的教师队伍。①

第二节　课后服务空间安排

一、学校教育教学空间应开尽开

学校应积极开发利用各类教室、体育运动场馆、图书馆、校园场地等教育教学空间资源，确保应开尽开、能开尽开，鼓励结合学校空间特点，统筹各年级、各学科课后服务的时空安排。学校着力改善基础设施条件，完善体育场、图书馆和综合实践活动室等场所，满足课后服务的基本需要，并在充分发挥校内场地资源的潜能的基础上，积极拓展校外教育空间。②

（一）教室整合与改造

为了更好地开展课后服务，学校教室需要进行相应整合或者改造。一方面，统筹教室数量与课后服务活动课程，是能够开展课后服务活动的空间基

---

① 案例来源：北京市大兴区第七小学梁雪。
② 薛海平，黄为. 义务教育课后服务质量保障：发达国家的经验与启示［J］. 福建师范大学学报（哲学社会科学版），2024（1）：153-166，172.

础。这需要学校保证课后课程在时间上的合理安排，避免不同活动之间的时间冲突，并确保每个活动有充足的时间准备和恢复教室秩序。另一方面，一些课程可能需要对教室进行合并和改造，主要包括针对性设计、灵活性考量和安全改造三个方面。

针对性设计：对于需要特殊设备或环境的课程（如艺术、音乐、科学实验），进行专门的教室设计和改造。这可能包括增加专用的存储空间，安装特定的工作台或者增强的通风系统。

灵活性考量：例如，美术课可能需要可移动的画架和易于清洁的地面；音乐教室可能需要良好的隔音设施和适当的音响系统。

安全改造：对于体育课程或实验室等，需要特别关注安全性。确保地面防滑、设备稳固，并配备必要的安全设施如急救包、消防器材等。

同时，在整合与改造过程中应充分听取教师和学生的意见，确保改造后的教室能够满足实际需要。

以延庆第四中学为例，学校整合多种教室打造创客空间，为学生提供创新探索的天地。学校将机器人教室、3D 打印教室、金工木工教室、计算机教室整合成学校创客空间，配备了各种实验设备、工具和材料。这个创客空间成为学生们探索创新的天地，学生可以在这里进行各种创意实验，如电子产品设计、编程机器人制作等。这样的基础设施建设为学生提供了良好的创作环境和资源支持。[①]

（二）巧用校内所有空间

在开展课后服务的过程中，充分高效地利用校内所有空间至关重要。可以将室内空间打造成多功能学习中心，快速适应不同类型的学习和活动需求。走廊和空旷的大厅可以摆放软垫和小桌，作为课后服务课程中学生间的交流区或举办小型展览的场所。空余的储物室和仓库经过适当改造，可能成为音乐练习室或艺术工作坊。例如，首都师范大学附属中学实验学校充分考虑到

---

① 案例来源：北京市延庆区第四中学程来继。

中学部可用空间较多，将地下食堂走廊改造为"北京人起源"主题展区，满足学生博识学习使用，同时，将中学理科实验室向小学课后服务部分科技社团开放。① 体育场地在无体育课时段，可规划为舞蹈或瑜伽等兴趣班的活动区。同时，通过科学的时间管理，确保校内空间在不同时间段满足不同的使用需求，避免资源浪费。也可以利用校园的室外空间，如花园或操场，开展课后服务的环境教育或户外拓展活动，让学生在自然中学习和成长。例如，北京第一实验小学教师的授课地点不拘泥于教室，而是因地制宜地将植物栽培与自然笔记相结合的创新教学方式运用到了科技活动中，学生在学校教学楼后的"青青菜园"里播种航天种子。学生在亲身设计、实践、观察中，解决了如何让航天植物生长更好的问题，同时还提出了农具改进的方案。②

通过这样的策略，提高校园空间的使用效率，为学生提供更加多元化和有趣的课后服务体验。

(三) 利用学校周边闲置空间

开展课后服务时，利用学校周边的闲置空间可以增加服务的多样性和覆盖面。例如，学校可以将周边未充分利用的场地改造为户外学习站点，进行科学实验或开展环境教育活动，让课后服务与自然探索相结合。若有空置建筑，可以考虑转变为社区学习中心，提供课外辅导、技能培训或兴趣小组活动，以满足不同年龄段学生的需求。学校还可以与附近的商家合作，使用他们的空间举办艺术展览或文化交流活动，这样不仅能丰富学生的课后生活，还可以促进学校与社区的合作。此外，空闲的绿地可以被规划为运动场或休闲区，提供一个放松和锻炼的好去处。通过这些举措，学校能够将周边的资源转化为促进学生全面发展的宝贵资产，走出传统学校场地，将课后服务与场馆、民俗文化地、社区劳动等结合，为学生提供真实的情境空间。③ 例如，北京市怀柔区九渡河小学一方面向农民租用校园周边闲置的土地，另一方面

---

① 案例来源：首都师范大学附属中学实验学校吕昊。
② 案例来源：北京第一实验小学吕蕊、王鑫、康争、张煜、杨燕萍。
③ 时广军. 面向意会知识的课后服务：可能与进路 [J]. 中国教育学刊, 2023 (12): 86-90.

利用学校原有功能房，改建成种植和养殖工坊、创美工坊、田园豆腐工坊等，完善了劳动及工坊社团的场地建设。在技术学科方面，学校也新增了配套的场地和硬件设施：新增"我的工具箱"，为学生提供 KOOV 机器人编程课程；新增科技教室，让学生学习 Arduino 智能制造。扩展会议室的功能，发展出艺术模块课——戏剧课的学习空间。[①]

二、因地制宜建设"环学校教育圈"

根据学校校外资源分布情况，因地制宜建设"环学校教育圈"，就近就便统筹利用学校周边教育资源。探索集团或学区共享课后服务资源，实现教育资源畅通流动。开发少年宫、科技馆、博物馆等资源，实现"宫馆家"资源和周边学校的全面对接。充分发挥各类公共文化设施和科技场馆的育人作用，统筹社区公园、学区内体育场馆，为学校开展课后活动提供更广阔的空间。[②] 城区学校要充分利用周边社区、高校与科研院所、周边企事业单位等资源，建设家校社协同的课后服务基地。农村学校开发本土资源，提高其内生发展能力，[③] 充分利用当地丰富的农村田园、自然地理、乡土文化以及其他在地机构，建设具有农村特色的课后服务活动空间资源体系。

（一）校际资源共享圈

实现校际资源共享圈，有利于学校间，特别是集团校和联盟校间资源共用，提高课后服务质量与水平。首先，可以创建共享资源平台。集团校、联盟校、学区内周边学校可以共同开发和维护一个在线平台或应用程序，用于

①　案例来源：北京市怀柔区九渡河小学彭红霞、徐来燕。
②　高兵. "双减"政策下学校发展问题与提质增效策略研究［J］. 中国教育学刊，2023（3）：6-11.
③　黄一帆，周福盛. 高质量乡村学校课后服务的公共性困境及突破［J］. 教育与经济，2023，39（2）：60-69.

实时更新和共享可用资源信息，推进优质课程教学资源、教科研成果等共享。① 这个平台可以列出每所学校的设施、课程、讲座、活动等资源，允许教师和学生查看空闲时间并进行预约。此外，平台也可以作为交流意见和反馈的渠道，以优化资源分配。其次，制定互动课程和活动。各学校可以在共享资源的基础上，协同设计合作课程和活动。例如，一所学校擅长科学教育，另一所学校在艺术方面有优势，两校在课后服务时间可以开设跨学科的课程，让学生得以在课后服务时间接触并学习其他学校的特色课程。此外，还可以共同举办运动会、科技节、艺术展等，强化校际合作。最后，建立交换机制。设立一套系统性的交换机制，不局限于学生，也包括教师和行政人员。通过这种方式，教师可以在联盟内的其他学校进行短期教学或专业发展，学生也可以参加其他学校的特色课程或项目。这样的交换不仅能增进参与各方的教学和学习体验，也有助于实现优质教育资源辐射，同时促进各学校之间的资源共享与共建。②

一些学校已有一定的实践经验与基础。例如，北京市第十八中学附属实验小学借助集团化教育生态，为学生提供多样化的课后体验，满足其多样化的学习需求。学校利用集团化办学优势聘请中学教师为小学课后提供计算机编程、航模、机器人、乒乓球、篮球、跆拳道等课程辅导；挖掘有专业资质的机构和家长资源提供冰球、思维、口语表达、新音乐教育、飞行知识、安全自护等方面的知识分享；通过对课程资源的全面整合，充分保障课后辅导的时间、内容、师资，从而更好地满足学生多样化学习需求。③ 又如，首都师范大学附属顺义实验小学教育集团校共享社团资源，保障实现学生全面发展。作为一校三址 99 个教学班的集团校，首都师范大学附属顺义实验小学教育集团的体育、科技、艺术等 21 个校级社团的 710 名学生每天课后服务的两个小单元

① 佘宇，阙明坤，杨开勇，等. 我国基础教育阶段学生负担治理："双减"政策及长效机制建设 [J]. 管理世界，2022，38（7）：163-170.

② 陆云泉，陈德收，康文中. "双减"背景下集团化办学的学校管理变革实践探究 [J]. 教育科学研究，2023（2）：90-96.

③ 案例来源：北京市第十八中学附属实验小学王志清。

时间都可以参加训练，队员可以跨校区参加训练，途中教练员负责接送，教练均是附小自己的老师。在跨校区学习中，学生的毅力、动力、能力得到提高。①

通过以上办法，近距离学校可以在保证教学质量和学生利益的前提下，打破单一校园的资源局限，实现资源共享和优势互补，提高整个教育集团或者学区联盟的教育服务水平和效率。

（二）环学校科研资源圈

"建设环学校课后服务科研资源圈"是一个旨在打造教育共同体、促进知识共享和整合学术资源的重要议题。其核心理念在于通过大中小学合作与地区联动，构建一个以学校为中心，外延至高校、科研机构等多元教育资源的互动平台，在这样的平台上，高校提供专业师资和教学资源，例如组织高校师范生参与"课后课程"实施，与中小学共享课程资源库等，② 充分发挥人才培养、科学研究、社会服务等职能，基于自身资源、育人、专业等优势，为中小学课后服务提供资源补给与智力支持。③ 例如，学校可以同周边的高等学府建立合作关系，让学生在课后有机会参与大学级别的研究项目，或是利用大学的实验室资源进行科学探究，拓宽学生的科学视野，培养他们的研究兴趣和独立思考能力。

环学校课后服务科研资源圈应注重资源的均衡配置，确保每一个学生，无论其背景如何，都能享受到优质的教育资源。这需要政府、教育部门和社会各界共同努力，通过政策引导、资金支持等手段，消除资源分配不均的现象，实现教育公平。

一些学校已开始充分利用环学校科研资源圈。例如，北京第二实验小学怀柔分校身处怀柔科学城，通过开发科技副校长资源、广泛招募家长志愿者、

---

① 案例来源：首都师范大学附属顺义实验小学教育集团任志梅。
② 熊晴，朱德全. 学校"课后课程"建设的底层逻辑：动力结构与支持条件［J］. 暨南学报（哲学社会科学版），2022，44（11）：123-132.
③ 吴立宝，杜卿，潘海生."双减"背景下高校介入中小学课后服务的可为与能为［J］. 教育科学研究，2022（7）：12-17，25.

主动与周边科技院所对接等方式，深入开展教育合作。学生走进创新小镇创新中心、参观中国科学院物理所、走进雁栖湖应用数学研究院。同时，学校还邀请怀柔科学城中国科学院力学研究所、航天工程大学教师、国防科技大学师生等来校为学生上课、做讲座，了解我国国防和科学科技取得成绩，激发学生国防和科学的兴趣，提升素养。[①]

又如北京第一实验小学统筹运用各个平台与资源，主动对接校外资源，如北京市少年宫教学植物园、国家园林局、中国商飞设计研究院、西城科技馆等机构，拓宽学生的视野。挖掘课内外资源，邀请有专业背景的家长给学生进行"天文课堂"讲座；开展校本特色科技节——"科妙节"为学生提供展示空间；组织学生前往科学教育场所，参与社会大课堂的场景式、体验式科学实践活动。[②]

（三）环学校社区资源圈

"环学校社区资源圈"强调在学校教育之外，通过整合社区资源，为学生提供丰富多彩的课后活动和服务，旨在拓展学生的学习空间，丰富他们的生活体验，同时助力家校共育，促进学生全面发展。

构建环学校社区资源圈，需要学校与社区之间建立紧密合作机制。学校发挥核心作用，联合周边公共设施、社区资源，为学生提供课后阅读、艺术欣赏、体育锻炼和科学探索等活动，充分利用社区资源，丰富学生的课余生活，提高社区设施的使用效率，实现资源共享。社区活动中心、文化馆、图书馆以及各类实践基地可以与中小学合作，成立课程研发小组，吸纳专家参与，根据学校的需求以公益性收费的方式联合推出特色化、专业化、系统性、实践性的非学科类课程清单。[③]

例如，回龙观中心小学足球社团、篮球社团每周都会走进社区，进行训

---

① 案例来源：北京第二实验小学怀柔分校彭卫华。
② 案例来源：北京第一实验小学吕蕊、王鑫、康争、张煜、杨燕萍。
③ 杨清溪，庞玉鸽. 多元协同：课后服务工作承担主体的实践反思［J］. 四川师范大学学报（社会科学版），2022，49（5）：154-160.

练，以提升"资源整合"的效度。学校充分挖掘"家长教师协会"资源，在特殊节日、校园节日、国家重大节日开设"特别讲堂"，让风格迥异、理解丰富、智慧多维的课堂在校园生长。与此同时，学校设立"健体协会""关心协会""思考协会""自理协会""关心协会"，与家长教师协会共同开展各协会活动已累计105项。[①] 又如，北京市燕山东风中学积极与社区进行文化联动，参加社区文化活动。二月二到东风广场舞龙，国画班同学在东风广场现场创作，腰鼓队参与区"六一"展演……这些由校内向校外的延伸活动让学生看到了传统文化的感染力和影响力。除此之外，学校还利用研学的机会组织学生在壶口瀑布前和当地民俗艺术家一起表演腰鼓，实现了校园文化活动"走出去"的目标。[②]

环学校课后服务社区资源圈还应当重视家庭教育的辅助作用，通过开展家长学校、家庭教育讲座、亲子活动等，增强家长的教育能力，促进家庭教育与学校教育的良性互动，加强家校联系，为学生营造良好的家庭学习氛围。

(四) 环学校企业资源圈

"环学校企业资源圈"的构建旨在通过校企合作，将企业的专业资源、实践平台以及人才培养机制与学校教育相结合，为学生提供一个融合实践与理论、学以致用的课后服务学习环境。这一资源圈的建立需要企业与学校之间建立稳固而高效的合作关系。

在这种合作关系中，企业可以为学校提供技术指导、专家讲座等资源，帮助学校丰富课后活动的实践性和专业性。例如，课后服务项目可以包括科技创新实验、商业模拟、工程实践等，让学生在真实的企业环境中学习和锻炼，将所学知识与实际应用相结合。

企业还可以提供多层次、多领域的课后服务项目，以满足不同兴趣和特长的学生需求，让每个学生都能找到适合自己的成长路径。例如，对艺术感

---

① 案例来源：北京市昌平区回龙观中心小学高欣蕾。
② 案例来源：北京市燕山东风中学杨姗。

兴趣的学生，可以联合相关文化企业参加艺术工作坊；而对于热爱科技的学生，则可以获取编程、机器人制作等科技创新课程。

这样的校企合作不仅能够为学生提供更具实践性和专业性的课后服务，还能够促进学校与企业之间的深度合作，实现资源共享、优势互补，为学生的综合素质提升提供有力支撑。

一些学校已积极与优秀企业合作，丰富课后服务资源。比如，北京市海淀区第二实验小学地处全国科技创新核心区——中关村科学城附近，周边汇聚了多个优秀品牌及公司，例如，各类计算机高新企业、小米科技有限责任公司、中国石化润滑油公司等，为学校教育发展提供了丰富的教育资源和课程资源。[①] 又如，首师大顺义附小教育集团以学校地理坐标为圆心，向周边寻找各类资源，尤其是企业资源，通过实地走访、向工作人员深入了解企业文化，充分挖掘其教育价值，选择适应学生年龄特点的内容，作为课程实施备选。目前，首师大顺义附小教育集团已与乔波滑雪场、高尔夫球球场、牛栏山酒厂、燕京啤酒厂、爱慕时尚工厂等 14 家单位合作，满足学生体育运动、职业体验、熟悉社区等多领域需求。[②]

（五）环学校自然资源圈

"环学校自然资源圈"是指利用学校周边的自然资源，如公园、森林、湖泊、农田等，为学生提供接触自然、体验生态的课后教育平台，旨在培养学生的环保意识、科学素养和生活技能。例如，北京市第八中学京西附属小学利用学校周边的永定河畔、高尔夫球体验馆等自然资源空间以及教科文体场域，让学生走出校园，开展探究式、场景式、体验式的教育实践活动，丰富学校的课后服务内容，给予学生享受更多样、更精彩的学习体验。[③]

环学校自然资源圈的建设需要学校、社区和环保组织等共同参与，通过多方合作，将自然资源有效地转化为教育资源。学校可以组织生物多样性观

---

① 案例来源：北京市海淀区第二实验小学高丽辉。
② 案例来源：首都师范大学附属顺义实验小学教育集团赵倩。
③ 案例来源：北京市第八中学京西附属小学蔡瑆希。

察、生态环境保护和自然科学实验等系列活动，让学生在直观的自然环境中学习和实践，加深对自然科学的理解和爱护环境的意识。

环学校自然资源圈的构建应注重活动的趣味性和参与性。例如，学校可以协同专业的生态教育机构，设计寓教于乐的游戏和探索活动，如定向越野、植物标本制作、昆虫观察等，既能吸引学生的兴趣，又能使学生在玩乐中学到知识，培养其观察力和实践能力。例如，怀柔区汤河口中学所在的汤河口镇主要是山地地形，鸟类繁多，植物多样而有特色。学校的生物教师依托丰富的地理资源，成立了观鸟、植物鉴别等特色社团。学校在后山设立种植基地，学生利用课后服务时间种植树木、花草、蔬菜，观察植物生长周期，做日志等。此外，怀柔有景泰蓝制作工厂、瓷器工厂、浸烙葫芦丝工作室等教育资源，为加深学生对中国传统技艺的了解，每个学期学校会组织学生去这些文化工厂参观，很多学生对此非常有兴趣。①

环学校自然资源圈的建设应充分考虑教育的可持续性。学校可以利用这些自然资源开展课后服务环境教育，引导学生进行水资源保护、垃圾分类、能源节约等实践活动，培养学生的环保责任感和可持续发展的意识。

（六）多种资源圈有机融合

学校调动周边所有资源圈，并进行有机融合，包含自然资源、社区资源、文化资源及科技资源等，构建一个多维度、互动性强的课后教育生态系统，为学生提供一个全面、立体的学习和成长环境。

以学校作为核心，与当地政府、企业、社区以及文化和科研机构等多方主体建立合作关系。学校可以依托自身教育专长，结合各方资源，设计出符合学生需要的课后服务项目。

多种资源有机融合的设计要注重实践性和体验性，使学生能够在参与中获得知识、技能和情感的全面发展。同时，确保资源融合的可持续性，通过定期评估和调整课后服务内容，保障教育质量和服务的高效性。此外，积极

---

① 案例来源：北京市怀柔区汤河口中学廉芬。

引入家长和学生的反馈，满足不同年龄段、不同兴趣的学生群体的需求，提供个性化定制服务。

以北京市顺义区李桥中心小学校为例，学校积极融合社会资源、开发家长资源、协同社会力量、引入高端项目，满足课后服务多样化需求。北京市顺义区李桥中心小学校融合社会资源，与北京公共安全体验馆共同开展生命教育、安全小讲师培训。与中国冶金地质总局矿产资源研究院牵手，让专业团队走进校园开展科普大讲堂活动。带领学生走进东郊湿地公园，在实践、探索自然的过程中，拓宽视野，引发探究兴趣，培养科学精神，增强对自然的感知能力。走进首都国际机场，沉浸式体验机场中的各种文化。开发家长资源，邀请有专业背景的家长志愿者定期走进学校，开展家长大讲堂活动，助力课后服务。2021—2022 学年度李桥中心小学春季学期校级家长大讲堂安排表见表 6-1。

表 6-1　2021—2022 学年度李桥中心小学春季学期校级家长大讲堂安排表

时间	讲课学生家长	主题
3 月 2 日	三 3 班学生家长	家具是怎样做成的
3 月 23 日	三 2 班学生家长	环境保护
4 月 6 日	一 4 班学生家长	生活的旋律之钢琴鉴赏
4 月 20 日	四 6 班学生家长	"快乐成长你能行"，内容是关于克服厌学情绪，练习专注力，选择合适的学习方法和战胜拖延症
5 月 11 日	三 3 班学生家长	少儿课堂基本礼仪
5 月 25 日	四 4 班学生家长	美术鉴赏

协同社会力量，加强学校与属地、公安、卫生、食品药品监督等部门的协调配合，切实消除在交通、场地、消防、食品卫生、安全保卫等方面的隐患，确保学生人身安全。引入高品质的项目和课程，提升课程品质。包括引入"虚拟现实 VR 校园火灾逃生"项目，让消防知识的学习生动起来。与顺义区少年宫合作，引入海洋创客和汽车创客专业课程、机器人课程等高端课程，让学生体验科技魅力。引入非遗皮影戏，让学生感受传统文化魅力。①

———————

① 案例来源：北京市顺义区李桥中心小学校刘秀清。

三、数字化课后服务资源开发与使用

推动课后服务数字化课程资源建设。开发与使用线上课后服务资源，丰富课后服务资源体系，切实增加课后服务课程容量，为学生提供个性化课后服务。① 学校根据需求开发和使用数字化课后服务资源，可使用国家以及北京市数字教育平台提供的德智体美劳各项资源，也可通过购买服务、集团、学区或城乡共同体内共享等方式引进其他线上优质课后服务资源，采用"双师课堂"的方式支持课后服务的开展。

（一）已有数字化课后服务资源的利用

随着数字化时代的到来，数字化课后服务资源已成为教育领域的一大宝贵财富。智能化、泛在化和社会化的网络学习环境，如国家智慧教育平台的出现正在为学校教育提供具有权威且高质量的优质资源。② 利用这些资源，可以极大地提升课后服务的质量和效率，为学生提供更加个性化和多样化的学习体验。

数字化课后服务资源包括在线学习平台、虚拟实验室、电子图书馆、教育应用程序等多种形式。这些资源因其时间和空间的灵活性，为学生提供了随时随地学习的可能。例如，通过在线学习平台，学生可以在课后服务时间与世界各地的优秀教师进行互动，获得个性化的辅导和反馈；通过虚拟实验室，学生可以进行科学实验，增强对理论知识的理解和应用。

有效地利用这些资源，需要学校精心策划和设计课后服务项目。设计时需要考虑学生的年龄特点、学习需求和兴趣点，以确保所提供的数字化内容既能吸引学生参与，又能实现教育的目的。例如，为小学生设计寓教于乐的

---

① 史大胜，李立，赵上宁，等. "双减"政策背景下小学课后服务研究：现状、问题与对策：基于云南省 H 市九县一区的调查分析［J］. 中国电化教育，2022（11）：17-22，31.

② 柳立言，龙安然，安敏. 国家中小学智慧教育平台赋能"双减"课后服务的创新路径研究［J］. 中国电化教育，2023（7）：78-84.

互动游戏，提升他们的数学和语言能力；为中学生提供在线辩论平台，锻炼他们的逻辑思维和表达能力。

可行的路径包括学校筛选网络资源，扩展学生学习渠道。例如，北京亦庄实验中学为初一年级筛选了相关的网络资源，为学生提供可选的双师讲堂。包括国家中小学网络云平台，学习来自海淀名师的各年级优质课以及专题教育视频课。一师一课，学习来自全国的各年级优质课、有高质量的部级优质课以及国家教育资源公共服务平台等。① 学校也可以利用数字化分析方式，精心策划与设计课后服务。例如，北京教育科学研究院通州区第一实验小学依托 SWOT 分析法，分析面临的内部优势与劣势、外部机遇与威胁，充分认识劣势如师资力量、生源品质、资源建设、管理水平等，利用优势资源力量持续改善劣势，以不断强大自己的方式化解威胁，抓住市区优质教育均衡发展政策的机遇，在各级领导和教科院专家的引领支持下，集全体教师智慧，科学分析，守正创新。②

（二）新数字化课后服务资源开发利用

新数字化课后服务资源的开发，首先依赖于教育科技的进步。现代教育技术，如人工智能、大数据分析、云计算等，能够支持创建个性化学习计划、智能推荐学习内容、实时监控学习进度等功能，从而更好地满足学生个性化的学习需求。学校需要加强与社会各界的协同合作，鼓励信息化企业、教育机构、社会组织、优秀个人等参与教育资源的供给，③ 不断探索和实践，设计出既有教育价值又符合学生兴趣的数字化学习工具和内容，如通过虚拟现实技术来实现沉浸式历史教学，或利用游戏化学习平台使解决数学问题变得更加有趣。

例如，北京市西城区师范学校附属小学积极推进对课后服务时空延展性

---

① 案例来源：北京亦庄实验中学徐星星、高云飞、魏婧婧。
② 案例来源：北京教育科学研究院通州区第一实验小学陈金香、徐宏、乔玉莲。
③ 郝建江，郭炯. 数字化背景下"云端学校"构建的价值导向与实践路径：数字技术促进乡村教育高质量发展研究［J］. 电化教育研究，2023，44（12）：48-54，72.

的研究，利用线上各大新媒体平台，开发了与线下天文课程配套的线上天文微课程"足不出户认星空"系列，将学习的情境设置在夜晚家中的阳台上，打破了线上课程对于学习时间与空间的限制，为学生开启不同以往学校课堂的学习体验，真正将课后服务融入学生生活和学习的全部场景，开辟了家校共育的新空间。① 又如，北京市东城区和平里第四小学根据教师特长和学生需求，定期制作并上传"小美"云端课程。2023 年 2—7 月，平台共更新课程10 次，校内外教师共研发微课 104 门。信息技术教师从 1130 余节自主研发的微课当中，结合课后服务内容，选择、制作优质微课近 700 节供学生选择。学生可以在课后服务时间，在教师的引导下学习，也可以自己登录平台，利用课后服务时间自主学习。②

在这些资源的利用上，教师需要积极引导学生正确使用，培养他们的信息筛选能力和自主学习能力；可以通过学习管理系统，为学生提供定制化的教学资源和学习路径，同时，利用在线评价和反馈系统及时了解学生的学习状况，适时调整教学策略和学习内容。

第三节　课后服务资源管理与统筹

学校根据本校课后服务实施方案，明确课后服务标准与要求，制定课后服务内容申报审核机制，对课后服务课程目标、内容、实施、评价等要素进行审核管理。学校依据课后服务内容选择合适的供给主体，处理好多样化主体与管理难度增加的矛盾关系，在初步多元化、中等多元化与高度多元化之间进行灵活选择，在政策框架指导下做出兼顾效率和质量的理性决策。

---

① 案例来源：北京市西城区师范学校附属小学高珊、袁茗玮。
② 案例来源：北京市东城区和平里第四小学吴田荣、赵瑞霞。

一、建立第三方机构和校外人员进校园遴选审核机制

学校制定校外人员参与课后服务和利用校外教育资源的规章制度，逐步探索完善内外教育合作机制。

(一) 建立第三方机构遴选审核制

由区教育行政部门建立第三方机构进校园遴选审核机制，坚持公益性原则，从办学条件、师资质量、行为规范、专业资质、社会信誉等方面科学制定准入标准，明确遴选程序，确保公平公正[1]，形成机构名单、服务项目及引进费用标准，为学校根据校情学情选择相应机构和服务项目提供便利。

一些学校已进行实践并积累了一定经验。例如，北京市史家小学通州分校通过面试、查询无犯罪证明、师资简介、从教履历等方面的细致核查，无异议后再与第三方优质机构签订《聘用合同》，来自第三方机构的教师与学校签订《课外活动安全承诺书》等，在受到严格把关与层层筛选后，可参与学校课外活动工作。[2]

一些学区已经建立完善的第三方机构遴选审核机制。例如，北京市海淀区万寿路学区管理中心，一是反复研究比对，慎重遴选优质学科类校外培训机构参与区域课后服务。二是同时面向学校征询需求，共进行了 7 次不同形式的调研，5 次修改调整方案文稿，最终形成覆盖 6 所中小学 8 个校址的工作方案，确保春季开学优质教学资源顺利进入校园。三是完成"准入"工作后，学区立即启动跟进监督管理，相继制定了相关的文件，包括《关于引进优质学科类培训机构专项资金使用的管理规定》《关于优质学科类培训机构管理办法》《关于学校使用优质学科类培训机构管理要求》等。[3]

---

[1] 容中逵，阴祖宝. 社会力量参与中小学课后服务的模式、困境与对策 [J]. 全球教育展望，2023，52（9）：37-46.

[2] 案例来源：北京市史家小学通州分校魏亮。

[3] 案例来源：北京市海淀区万寿路学区管理中心程莉。

（二）建立校外引进人员资源库

学校须制定严格的课后服务教师准入制度，对课后服务参与教师的学历层次、从业经历、资格证书、技能水平和身心健康等情况进行严格的审查，不断规范课后服务教师队伍的入职门槛①，并对违法违规行为、身心健康状况等严格把关，严禁不符合条件的人员进入学校提供课后服务；与引进人员签署服务协议，明确服务内容与标准，规定双方权利义务；建立校外引进人员资源库，并对校外引进人员资格审查材料留档备案。

在此过程中，不同学校有其各具特色的做法。例如，北京市昌平区前锋学校每学期定期召开"校外课后服务教师安全工作"部署会，明确校外教师进校参与课后服务的工作要求、安全责任、育人任务。学校实行"课后服务外聘教师备案"制度，审核每位教师的任职资格，到公安部门调研外聘教师社会表现情况，确保课后服务师资供给的安全性和专业性。②又如，北京石油化工学院附属小学为了更灵活地调配教师资源，建立了师资储备库。这个储备库中收录了学校内各个领域、各个层次的优秀教师，以及专业人士和社会资源人才。在课后服务需要增加的情况下，学校可以从储备库中选调合适的教师，以满足特定课程或项目的需求。学校对校外参与服务人员的品德、身心健康状况等严格把关，完善校外人员入校健康管理、身份核查和登记制度。③

二、加强日常监管并建立动态调整机制

区域教育行政部门和学校要加强日常监管并建立动态调整机制，定期评估第三方机构参与课后服务的实施情况，对服务水平低下、恶意在校招揽生

---

① 贾利帅，刘童. 北欧四国中小学课后服务的实践、特征及启示［J］. 基础教育，2021，18（4）：103-112.
② 案例来源：北京市昌平区前锋学校路玉环。
③ 案例来源：北京石油化工学院附属小学张浩。

源、不按规定提供服务、扰乱学校教育教学和招生秩序等机构，要坚决予以清退。进一步规划课后服务的短期发展目标与长期实施效果之间的连接，定期对参与课后服务的第三方机构进行资质审核与评估，[1] 严禁不符合条件的机构进入学校提供课后服务。

（一）重视日常巡查，严把过程监管

巡查与监管是确保课后服务质量和效果的必要措施。要求学校始终保持高度的责任感和敏感度，以确保课后服务环节的每一个细节都符合教育标准和安全规范。

日常巡查机制的建立，首先需要制定明确的巡查制度和标准。这包括对参加课后服务学生的出勤情况、教学活动的执行情况以及安全措施的执行情况等进行定期的检查。巡查人员应由专业的教师和管理人员组成，他们需要对课后服务的流程和标准有深刻的理解，并且具备应对突发情况的能力。

严格的过程监管则要求巡查不停留在表面，而是深入课后服务的每一个环节。例如，在校外机构进行组织的活动课程中，需要确保活动安全、有序，且符合教育目标。过程监管还包括对学生行为的规范引导，预防欺凌和不良行为的发生。例如，北京市昌平第二实验小学严格执行"一审核、二签订、三巡查、四反思、五评价"的工作步骤。一审核，即学校内审小组审核外聘机构的教学资质；二签订，即与外聘机构以学期为单位签订合同；三巡查，即每一个日常教学日，东西校区的外聘校外机构负责人、学校负责人联合进行走班听课，巡查课堂质量；四反思，即每一次授课后，由外聘校外机构负责人牵头对当天的教学情况进行总结，每一位授课教师也要结合实际情况进行课后教研、反思；五评价，即以一周为周期，学校东西校区负责人对一周的课后服务情况进行书面总结评价。[2]

此外，还需要建立起完善的反馈和问责机制，确保每一项巡查和监管的

---

① 晋银峰、孙冰冰、张孟英. 中小学课后服务的历程、问题与展望 [J]. 教育科学研究，2021（11）：5-10.

② 案例来源：北京市昌平第二实验小学赵红艳。

发现都能及时得到处理，每一位工作人员都能对自己的工作负责。例如，北京丰台区璞瑅学校在课后服务工作开始前，对校外任课教师发放课后服务课程要求细则；每天课后服务时段，德育干事和专门负责的老师在各个楼层巡视，通过考勤记录、定时定点巡视、期末汇报等工作来完成对外聘教师的教学督导，同时会通过平时学生反馈和期末汇报的方式来进行教学督导。①

（二）做好沟通协调，形成常态流程

在课后服务资源管理与统筹中，学校与第三方教育资源的沟通协调同样至关重要。为此，学校需要建立跨部门合作机制，确保教师、课后服务人员、家长以及相关行政部门之间的密切沟通，并共同参与课后服务资源的规划和分配。同时，定期收集反馈意见，并及时调整资源配置，以确保资源的最大化利用。此外，还应重视双方信息通道的畅通性，及时向社会组织公开课后服务招标相关信息，确保具备条件的社会组织平等参与。②

为了形成常态化流程，需要确保课后服务的各项工作都有条不紊地进行。因此，应该制定一系列操作规程和标准流程。这样有助于提高工作效率，也方便监控和评估服务质量的提升。例如，北京市昌平区二毛学校每学期召开1~3次校外机构教师培训会，组织学习师德规范要求、教育教学常规要求，明确职责和任务。在课后服务实施过程中，每天都安排一名学校中层领导对课后服务课程进行听课检查，提交相关材料；在人员充足的情况下，为每一个外聘班里配备一名校内教师，协助外聘教师做好学生管理工作和学习资料的收集整理工作。学校与校外机构共同协商，通过建立交流群、选派管理教师、签订安全责任书等形式明确各方责任，最大限度保障学生去附近场馆参加活动课程的人身安全。③又如，在统筹校外资源开展课后服务的过程中，北京市第三十五中学跟合作方沟通确定标准与要求，做好学生的考勤以及课堂

---

① 案例来源：北京丰台区璞瑅学校梅兰、俞静雅、王艺涵。
② 姚松，刘智慧. "双减"政策背景下政府购买课后服务的制度化困境及突破路径：基于新制度主义视角的分析［J］. 教育理论与实践，2023，43（14）：3-8.
③ 案例来源：北京市昌平区二毛学校申静。

表现等情况的记录。学校也配备辅助教师，做好沟通与协调等管理工作，包括与授课教师以及与年级、班主任进行有效对接。①

（三）优化校外机构参与评价制度

建立一个公正、透明、多元化的校外机构参与课后服务评价体系至关重要，通过基于证据的课后服务循证评价，优化课后服务发展质量②。

首先，评价制度要建立在明确的标准和指标体系之上。这些标准和指标应涵盖服务内容的丰富性、教学质量、学生满意度、安全保障措施等多个维度。例如，可以通过学生的学习成果、家长的满意度调查、第三方的教学观察结果等多种方式来综合评估服务的效果。其次，评价过程要注重参与性和动态性。校外机构、学校、学生及家长都应成为评价体系的参与者。通过建立常规的反馈机制，收集各方面的意见和建议，不仅可以及时发现和解决存在的问题，还能够调动校外机构改进的积极性和主动性。同时，评价制度要能够反映服务的实时变化，定期进行评价，确保评价结果的时效性和有效性。最后，评价结果的应用是优化评价制度的关键。评价结果应成为调整课后服务计划、优化课程内容、提高教学方法和改善管理等的重要依据。对于表现优秀的校外机构，可以通过授予荣誉、优先推荐、政策扶持等方式予以表彰和奖励；对于服务质量不达标的机构，则应采取限期改进、暂停合作、公开警示等措施促其提升服务水平。

在优化校外机构参与评价制度方面，不同学校可有其特色做法。例如，北京市史家小学通州分校开展"课外活动机构教师评优课"活动，以此肯定第三方教师的付出，同时考查学生的学习成果，为教师与学生的成长搭建平台。"课外活动机构教师评优课"活动为学校提供了优质师资的参考，也从不同维度清晰地衡量第三方服务水平。③ 例如，北京市通州区第六中学加强第三

---

① 案例来源：北京市第三十五中学宋京红、邱志锋。
② 史自词，李永涛. 澳大利亚中小学课后服务的发展之路和基本经验［J］. 比较教育学报，2022（1）：67-80.
③ 案例来源：北京市史家小学通州分校魏亮。

方监督检查与评价机制，促进课后服务质量的提升。学校阶段性地召开学生座谈会，了解课后活动参与中学生的感悟与收获，以及存在的问题。建立学生、家长对学校课后服务的评价机制，将评价结果作为改进课后服务与选择第三方机构的参考依据。另外，学校还充分发挥"督管、督育、督学、督改""四位一体"校内督导机构的作用，对活动中暴露出的问题，进行诊断与分析，并基于学生的成长与实际获得给出改进建议。[①]

三、招标竞争引进，费用低于校外提供同质服务费用

引进课后服务，需要采用招标等竞争性方式确定引进费用标准。相关教育行政部门可通过招标，选择具备地区特色的服务机构，对投标单位予以评估，评估合格后方可进入校园。[②] 通过增加服务供应的透明度，降低由于独家合作或垄断引起的价格风险，还能激发市场活力，促进服务提供者之间的健康竞争，从而推动整体服务质量的提升。

同时，课后服务校外机构提供的费用标准要明显低于培训机构在校外提供同质培训服务的收费标准，以减轻学校及家庭经济负担，这也有助于打破校外培训机构可能形成的价格垄断，促进公平竞争，保障学校、家庭都能公平地获得优质的教育资源。

为实施这一策略，相关教育行政部门需出台一系列明确的指导原则和操作流程。首先，应确定一组合理的评估指标，评价内容包括但不限于培训机构的师资力量、教学质量、服务效果等。其次，通过公开招标，邀请有资质的培训机构参与竞标，确保选择过程的公正性。招标文件中要明确费用标准设定的要求和限制，确保所有投标者都有清晰的价格界定。

一些学校建立准入和退出机制，通过招标竞争引进优质校外机构。例如，北京市海淀区中关村第一小学现有课后服务机构近十家，均通过招投标形式

---

① 案例来源：北京市通州区第六中学常恩元。
② 周洪宇，齐彦磊．"双减"政策落地：焦点、难点与建议［J］．新疆师范大学学报（哲学社会科学版），2022，43（1）：69-78.

进行择优入选，都具备一定的课程研发与实施能力。学校健全遴选校外培训机构参与学校课后服务工作的准入和退出机制，加强日常管理。学校至少每学期组织一次所有校外机构参与课后服务的质量评估。工作内容包括学校对机构及课程的质量评估，学生、教师、家长等对机构及其教师的满意度测评。[①]

一些学区通过整合资源、搭建平台、建立智库，编制教育资源共享手册，实现资源统筹共享，为学校提供丰富的课后服务教育教学资源，促进教育优质均衡发展。例如，中关村学区撰写了翔实的《中关村学区教育资源调研报告》，盘清了资源底数、建立了资源台账，编制了《中关村学区教育资源共享手册》。524 项资源均逐一呈现了资源的所属单位、适用范围、开放时间、使用要求等，供学校依据所需自主选择，学区协助对接，促成资源转化，为教育教学助力。[②]

---

① 案例来源：北京市海淀区中关村第一小学邓翼涛。
② 案例来源：北京市海淀区中关村学区管理中心王振惠、张英钰。

第七章

义务教育课后服务质量监控

　　课后服务质量监控是指对学校课后服务活动的过程和结果进行系统的、持续的关注和评价，以保证课后服务质量达到预期的水平，满足学生和家长的需求。在当前教育背景下，开展课后服务质量监控具有重要的意义和目的。

　　首先，课后服务质量监控有助于保障课后服务的教育质量。随着教育改革的深入推进，课后服务已经成为学校教育的重要组成部分，它不仅关系到学生的身心健康和综合素质的提高，还关系到教育公平和学校教育的整体质量。通过课后服务质量监控，可以发现和解决课后服务中存在的问题，提高课后服务的质量，从而保障学生的合法权益。

　　其次，课后服务质量监控有助于提升学校的教育管理水平。课后服务涉及面广，包括课程设置、教师配备、安全管理等多个方面，对这些环节进行监控，可以促使学校更加注重教育过程的管理，提高教育服务的专业化水平，推动学校教育的内涵发展。

　　再次，课后服务质量监控有助于满足家长和社会的期望。随着社会的进步和家长教育观念的变化，家长对学校教育的期望越来越高，他们不仅关注学生的学业成绩，更关注学生的全面发展。课后服务质量监控可以及时了解家长的需求和反馈，推动学校课后服务内容的丰富和形式的创新，满足家长多样化的教育需求。

最后，课后服务质量监控有助于促进教育资源的合理配置。通过对课后服务资源的监控，可以了解各学校课后服务的现状，发现资源配置的不足和差距，为政府和教育部门的决策提供科学依据，推动教育资源的优化配置，促进教育公平。

总之，进行课后服务质量监控具有重要的意义和目的。我们要充分认识课后服务质量监控的重要性，积极探索有效的监控方法和途径，不断提高课后服务质量，为学生的全面发展提供更好的教育服务。

第一节　课后服务质量监控指标

课后服务质量监控既是开展课后服务的指挥棒，也是检验课后服务成效的重要依据。目前，课后服务在政策引导及专家指导下正如火如荼地开展，并取得了一定的成效，但仍然存在因课后服务质量评价缺乏操作标准和效果验证，导致课后服务监督机制难以保障、服务质量参差不齐、服务效果不尽如人意等问题。因此，亟须构建一个清晰、有力、可供参考的课后服务质量评价体系，为学校乃至教育行政部门提供评价参考依据。

一、国外课后服务监控指标体系借鉴

课后服务评价标准既为学校开展课后服务提供明确指导，又为开展课后服务监督和评价提供详细参照。很多发达国家在开展课后服务的过程中重视课后服务评价标准的制定，通过法律或政策来规范课后服务评价标准。例如芬兰《基础教育法》对课后服务的环境和参与人员进行了明确规定,[①] 澳大利亚对课后服务的内容、人员资质、场所以及安全保障等方面进行了详细界定。以场所为例,每个儿童需要有 3.25 平方米的室内活动空间和 7 平方米的室外活动空间。[②]

　　评价标准体现了课后服务开展过程中的重点,可以指导学校有针对性地提供和改善课后服务。不同发达国家在具体内容上也有所差异,这体现了课后服务在不同国家存在共同价值和独特价值。共同价值意味着课后服务的基本目标在不同国家是一致的,都要解决学生放学后无人看管的问题,并采用合适的教育活动来利用放学后时间的价值;独特价值意味着课后服务评价标准要解决不同国家具体的实践难题。由于历史和文化的原因,发达国家课后服务的供给模式、保障主体、经费分担、保障群体和实施场所都不尽相同,因此,在出台评价标准时会考虑到本国课后服务的具体情况。但总体说来,发达国家课后服务评价标准存在高度相似性:首先,发达国家都强调儿童在课后服务中的体验,出台的指导文件体现了以学生为中心的特点,例如爱尔兰、澳大利亚、加拿大和德国都把儿童健康与安全、儿童发展与学习环境以及与儿童建立良好关系作为重要维度写入评价标准中;其次,对课后服务机构的管理提出了明确要求,包括管理结构、课后服务内容和员工招聘与管理等;最后,将课后服务作为全社会的责任,要求课后服务机构必须重视与家庭和社区的伙伴关系,引导家庭和社区有序加入课后服务。国外课后服务评价标准参见表 7-1。

---

　　① FINLEX. Basic Education Act [EB/OL]. (1998-06-28) [2023-12-12]. https://finlex.fi/en/laki/kaannokset/1998/en19980628.pdf.

　　② Kym Simoncini, Jennifer Cartmel, Amy Young. Children's Voices in Australian School Age Care: What do They Think About Afterschool Care? [J]. International Journal for Research on Extended Education, 2015, 3 (1): 114-131.

表7-1　国外课后服务评价标准①

代表性国家	指导文件	评价标准
爱尔兰	《国家课后服务质量指南》	课后服务管理体系；员工的招聘与管理；像家一样（home from home）的环境；健康、福祉与安全；与儿童建立良好关系；计划的活动；与家长、家庭和社区建立合作伙伴关系等
澳大利亚	《国家质量框架》	教学计划是否符合国家标准；儿童健康和安全；环境；人员安排；亲子关系；和家庭、社区的伙伴关系；服务管理
韩国	《放学后学校运行指南》	经营方针；运营时间；运营内容；安全与质量保障；外聘教师招聘以及委托第三方运营的模式等
日本	《课后服务实施纲要》	规模；职员系统；开放时间；场地和设备；管理
芬兰	《基础教育法》	课后服务人员的资质；场地环境；服务内容
加拿大	《儿童服务法》《关于优质儿童保育的国家声明》	服务提供者的适宜性和培训；儿童发展和学习环境；群体规模和比例；成人关系；健康和营养；安全和伙伴关系
德国	《约束和开放全日制学校质量框架》	学校管理；与外部伙伴的合作；费用；环境；身体健康；工作人员结构；家庭关系

二、决策导向模式下质量监控指标体系构建

决策导向（或改良导向）评价模式是美国教育评价学家斯塔弗尔比姆倡导的课程评价模式。他认为，评价就是为管理者做决策提供信息服务的过程。背景评价（Context Evaluation）、输入评价（Input Evaluation）、过程评价（Process Evaluation）、结果评价（Product Evaluation）构成了 CIPP 评价模式。

背景评价就是在特定的环境下评定其需要、问题、资源和机会。输入评价是在背景评价的基础上，对达到目标所需的条件、资源以及各备选方案的相对优点所做的评价，其实质是对方案的可行性和效用性进行评价。过程评

---

① 薛海平，黄为. 义务教育课后服务质量保障：发达国家的经验与启示［J］. 福建师范大学学报（哲学社会科学版），2024（1）：161-162.

价是对方案实施过程连续不断地进行监督、检查和反馈。结果评价是对目标达到程度所做的评价，包括测量、判断、解释方案的成就，确证人们的需要获得满足的程度等。这四种类型评价的目的、方法与功效各不相同。在 CIPP 模式运用中，评价者可根据需要采用不同的评价策略，各种评价既可以在方案实施前使用，也可以在方案实施中使用；可以实施一种评价，也可以实施几种评价。这完全取决于评价听取人的需要，它是一种十分灵活的模式。

CIPP 模式的基本观点是：评价最重要的目的不在于证明，而在改进，主张评价是一种系统工具，为评价听取人提供有用的信息，使评价方案更具成效。在做好评价活动中，评价设计大纲和实施流程是必要的。CIPP 模式突出了评价的发展性功能，整合了诊断性评价、形成性评价和终结性评价，提高了人们对评价活动的认可程度。CIPP 模式为课后服务监控指标体系的建构提供了有效的思路。

有学者依据 CIPP 模式提出了课后服务监控指标体系的构想①，见表 7-2。

表 7-2 课后服务监控指标体系

一级指标	二级指标	三级指标
A1. 背景评价	B1. 目标定位	C1. 课业减负；C2. 素养提升；C3. 安全托管
	B2. 需求定位	C4. 学生需求；C5. 家长需求；C6. 教师需求；C7. 社会需求
A2. 输入评价	B3. 管理制度	C8. 学校安全制度保障体系；C9. 教师绩效考核制度；C10. 学生安全管理制度；C11. 家校联系责任制度；C12. 经费管理
	B4. 设施设备及场所	C13. 学习场所；C14. 活动场所；C15. 文体器材设备
	B5. 师资队伍	C16. 师资结构；C17. 教师资质；C18. 教师数量；C19. 教师培训情况

---

① 晋银峰. 课后服务质量评价：体系构建及应用建议［J］. 教育科学研究，2024（1）：44-50.

续表

一级指标	二级指标	三级指标
A3. 过程评价	B6. 服务内容	C20. 课业辅导；C21. 课后安全托管；C22. 素质拓展活动
	B7. 时间安排	C23. 服务时长；C24. 时间分配；C25. 弹性离校
	B8. 服务监督	C26. 人员管理；C27. 信息事项公开；C28. 监督检查方式
	B9. 评价工作	C29. 评价内容；C30. 评价次数
A4. 结果评价	B10. 学生发展	C31. 学生满意度；C32. 课业减负；C33 素养提升
	B11. 社会满意度	C34. 家长满意度；C35. 教师满意度；C36. 社会满意度
	B12. 学校创新举措	C37. 校本课程研发；C38. 创新服务课程

三、课后服务监控指标的学校实践案例

北京市顺义区天竺第二小学以"教师发展、学生成长、家长参与"三项指标为主要考量对象，强化"过程性评价、展示性评价、家长学生评价"三个维度的课后服务成果评价，创新"学校—教师—学生—家长"四个层面课后服务课业辅导质量评价表，根据评价表设计面向"家长—学生—教师—干部"的调研问卷，以"3+3+4"全面优化评价标准，见表7-3。①

表7-3　北京市顺义区天竺第二小学课后服务课业辅导质量评价

一级指标	二级指标	具体指标描述
学校引领	统筹安排	统筹全校课业辅导时间、人员安排
	资源保障	提供人力、物力、经费保障
	氛围营造	广泛动员，统一全校师生对课后服务的认识
教师发展	资源配置	资源与课上学习内容互为补充，匹配学生认知水平
	组织调控	学生有序活动且能深入思考探究
	工作愉悦	教师工作量合理

---

① 案例来源：北京市顺义区天竺第二小学赵蕊。

续表

一级指标	二级指标	具体指标描述
学生成长	作业完成	学生能在校完成当日各科作业
	质量提高	能通过有针对性的辅导提高作业质量
	素养提升	能通过个性化辅导提升学生综合素养
家长参与	同步重点	为家长提供了解学生学习进度的渠道
	资源共享	为家长提供课程、作业资源库
	专项培训	为家长提供线上线下关于青少年成长的专家讲座
	满意度调研	家长对学校课后服务课业辅导工作感到满意

第二节　课后服务质量监控基本原则

课后服务是落实"双减"政策的举措，其目的之一是要促使学生的学习回归校园，强化学校教育的主阵地作用。"双减"背景下的课后服务质量监控要更加注重学校对学生全面发展的促进作用，更加关注学生在学校的进步情况，更加重视学校的特点和特色。因此，"双减"背景下的课后服务质量监控要遵循以下四个特定原则。

一、质量为本，以实现提质减负为导向

首先，坚持正确的教育质量观，改变将学生成绩和升学率作为评价学校唯一指标的做法，全面评价学生德智体美劳发展情况和学校立德树人工作成效。其次，要对学校的"提质减负"能力进行评价。"双减"的本质是要求学校在不延长学生课堂学习时间甚至减少作业时间的前提下提高教育教学质量，同时为发展学生的兴趣特长、保障学生的休息和自由活动留足空间。因此，既要关注质量指标，考查学生学业增值情况、学生兴趣爱好的发展情况，也要关注成本和负担指标，考查学生学习时间投入情况、学生的休息和活动

时间、学生的实际感受等；既要关注学生和学校的发展结果与表现，也要关注学校课后服务育人过程中所采取的举措，尤其是针对提质减负所采取的优化学习方式、促进教师专业发展、完善学校内部治理等方面的措施。

二、注重增值，纵向追踪育人质量的进步变化

"双减"政策要求强化学校教育的主阵地作用，但各学校在生源、办学条件、办学基础方面存在差异。因此，在衡量教育质量的过程中，既要关注结果和达标程度，也要关注学校发展水平和工作水平的进步程度，即采用增值评价的方式对学生和学校进行评价。与传统评价相比，增值评价主要有两大关注点：一是增加值，即评价不仅关注最终结果和达标程度，更关注评价对象的努力程度和进步情况，实现"不比基础比进步"；二是净效应，即剔除学生、教师及学校等无法改变的因素，仅评价其在可以改变的方面所做出的努力，实现"不比背景比努力"。

三、尊重差异，鼓励学校的特色发展

需要充分发挥学校的资源优势为学生发展服务，尤其是课后服务更要植根于学校的传统特色和特长项目。在评价学校全面育人成效的同时，也应尊重学校发展的差异性和多样性，为学校的特色发展和自主发展创设空间，鼓励学校根据实际情况制定评价指标及相应的评价标准。

四、多元参与，全面考量相关主体的满意度

课后服务质量需求因不同主体背景、经验、知识和价值观等方面的差异而有所不同，涉及政府管理权、学校办学自主权、家长监护权、教师休息权等的交叉与嵌套。借助利益相关者分析视角，需要对课后服务管理者、教师、

学生、家长等利益相关方的权责进行界定和划分，明确主体的权责关系，满足多种价值需求，保障评价者权益。课后服务的不同相关利益主体因权责范围不同，其关注的关键要素也不同。教育行政部门作为课后服务的"服务监管者"，应多关注社会满意度要素，如课后服务活动是否真正解决学生"上下学接送难"等问题；学生作为课后服务的"服务受众"，从个人兴趣爱好出发，多重视课后服务的内容和方式等价值需求要素；学校和教师作为课后服务的"服务提供者"，应多关注学生和家长对课后服务的满意度、安全度等保障性要素。

第三节　课后服务质量监控实施

课后服务质量监控是提升学校教育教学质量的重要手段，需要学校高度重视，明确监控的目标和内容，建立完善的监控体系，注重监控的实施细节，加强监控结果的分析和应用。

一、建立学校课后服务质量监控体系

（一）成立课后服务质量监控组织机构

为了确保课后服务质量监控的有效实施，学校需要成立一个专门的课后服务质量监控组织机构。该机构应由校领导、教师代表、家长代表和学生代表共同组成，负责课后服务质量监控的全面工作。在这个组织机构中，校领导负责监控工作的整体规划和协调，教师代表负责监控教学内容的质量和教学过程的规范性，家长代表和学生代表负责反映学生和家长的需求和意见。通过这样一个多元化的组织机构，可以确保课后服务质量监控的全面性和公正性。

（二）确定课后服务质量监控流程和方法

为了确保课后服务质量监控的有序进行，学校需要制定一套详细的课后服务质量监控流程和方法。这些流程和方法包括定期检查、随机抽查、学生评价等。

定期检查：学校应定期组织对课后服务质量的全面检查，包括对教学内容、教学过程、教学效果、教师的教学态度和学生的满意度等方面的检查。通过定期检查，可以及时发现和解决课后服务中存在的问题。

随机抽查：学校应随机抽查课后服务的质量，以保证监控的公正性和客观性。抽查可以包括对教师的教学计划、教学课件、教学记录等方面的检查。

学生和家长评价：学校应鼓励学生和家长对课后服务质量进行评价，以了解学生的真实感受和需求。评价可以采用问卷调查、访谈等方式进行，评价的内容可以包括教学内容、教学过程、教学效果和教师的教学态度等方面。

顺义区裕龙小学通过"221评价体系"加强教师、学生考核评价，即2次考核制课外活动：所有社团要有计划、有目标、有成果；2次普及制活动：所有社团突出趣味性、实效性、多元化、多样化，要有学生过程性和成果性展示；1次晋级制：依托各种竞赛等活动，有晋级评价标准，晋级后表现方式。[①]

石景山区古城小学通过多元方式激发课后服务主体积极性，实现家校"双减"合力。学校通过专题调查问卷、日常家访收集家长意见建议，适当调整工作方法，并通过学校动态反馈的方式，向所有家长宣传和通报学校"双减"工作进展和成效，增进家长的理解和支持。[②]

昌平区二毛学校，通过检查、座谈、上交材料等形式了解课后服务开展情况；学期末，通过总结、交流、考评等形式对一学期课后服务开展情况进行评价。[③]

---

① 案例来源：北京市顺义区裕龙小学张海飞。
② 案例来源：北京市石景山区古城小学宋丽丽。
③ 案例来源：北京市昌平区二毛学校申静。

（三）建立课后服务质量监控反馈机制

为了及时发现和解决问题，学校需要建立一个课后服务质量监控反馈机制。这个机制可以通过以下几个途径实现：

定期反馈：学校应定期向教师和学生反馈课后服务质量监控的结果，让教师和学生了解监控的结果，促进教育教学的改进。

及时反馈：学校应对课后服务质量监控中发现的问题进行及时反馈，责成相关部门和教师进行整改。

定期总结：学校应定期对课后服务质量监控的结果进行总结和分析，发现存在的问题和不足，提出改进的措施和建议。

奖惩机制：学校应将课后服务质量监控的结果作为教师评价和奖惩的重要依据，激发教师的教学积极性和责任感。

通过这样一个完善的课后服务质量监控体系，学校可以及时发现和解决课后服务中存在的问题，提升课后服务的质量，满足学生和家长的需求，从而提升学校的教育教学质量。

如顺义区河南村中心小学每月末教师对课后服务情况进行自评，结合教师上交记录情况、学生知识掌握情况、能力提升情况等，进行过程性评价。针对发现的问题通过开展校级教研、年级组教研，及时解决。每学期末进行成果展示，采用学生展示及教师总结相结合的方式进行。对目标达成度高的优秀教师进行表彰，对优秀做法进行宣传。每年入学季、"六一""元旦""队会"等活动季，学校如期举行学生素养展示活动，每门课后服务课程的学生均要展示。学校还给学生搭建走出学校，走向区、市乃至全国的舞台，孩子们多次走上中央电视台、北京市电视台、顺义电视台，多次参加国家、市、区级大赛并获奖。孩子们的精彩成长，彰显的是老师们的专业蜕变。[①]

---

① 案例来源：顺义区河南村中心小学马丽娟。

二、注重课后服务质量监控实施细节

课后服务质量监控是提升学校教育教学质量的重要手段，而在实施课后服务质量监控时，注重细节至关重要。以下是关于如何注重课后服务质量监控实施细节的详细阐述。

（一）合理规划监控时间和地点

为了确保课后服务质量监控不会影响正常的教育教学秩序，学校需要合理安排监控时间和地点。对于监控时间，学校应选择在课程结束后或者周末等不影响正常教学的时间段进行。对于监控地点，学校可以选择教室、会议室等适当的空间进行。通过合理规划监控时间和地点，可以确保课后服务质量监控的实施不会对教师和学生的正常学习产生干扰。

（二）确保监控的公正性和客观性

为了保证课后服务质量监控的公正性和客观性，学校需要采取一系列措施。首先，学校应确保监控团队的专业性和中立性，避免监控人员与被监控对象有直接的利益关系。其次，学校应采用标准化的监控工具和方法，确保监控过程的科学性和规范性。最后，学校还应确保监控数据的保密性和安全性，避免数据泄露或被篡改。通过这些措施，可以避免人为因素的干扰，确保课后服务质量监控的公正性和客观性。

（三）注重监控过程中的沟通和交流

在课后服务质量监控过程中，沟通和交流至关重要。首先，学校应与教师和学生保持良好的沟通，告知他们监控的目的、过程和意义，取得他们的理解和支持。其次，学校应鼓励教师和学生积极参与监控过程，提供真实的反馈和建议。最后，学校还应建立一个反馈机制，让教师和学生能够及时向学校反映监控过程中遇到的问题或建议。通过注重监控过程中的沟通和交流，可以确保教师和学生能够积极配合监控工作，增强监控的效果。

（四）关注监控后的整改和提升

课后服务质量监控的最终目的是提升学校的教育教学质量。因此，学校在实施监控后，需要关注监控结果的整改和提升。首先，学校应对监控结果进行深入分析和总结，找出存在的问题和不足。其次，学校应制定相应的整改措施，将监控结果转化为实际的教育教学改进行动。最后，学校还应定期跟踪整改效果，确保问题得到有效解决。通过关注监控后的整改和提升，可以确保课后服务质量监控的实际效果，提升学校的教育教学质量。

首都师范大学附属顺义实验小学关注学生发展需要，通过调研问卷和实地考察开展学生、家长、教师多主体评价，三年来学生与家长评价满意度均在95%以上，根据家长建议对课后服务调整了15次。①

昌平区回龙观中心小学把"质"的关键定位在"需求"上，通过"三调研"来实现调研"真需求"，提供"真服务"。通过"过程调研"及时修正提供的"服务内容"，实现两个打破——打破以学期为单位的课程设置，实现阶段性的按需调整；打破以课程为单位的参与方式即一门课程参与到底的现状，实现课程人员动态化管理。通过学期末调研关注"满意度"和"新学期期望"，以此筹谋新学期"服务内容"及"服务方向"。班主任通过不定期的家长反馈和家长需求，学生兴趣和成长效度，及时做出科学的调整与修正。②

三、加强课后服务质量监控结果的分析和应用

课后服务质量监控是学校教育教学质量提升的重要环节，而对监控结果的深入分析和应用则是对教育教学工作进行改进和优化的重要手段。为了充

---

① 案例来源：首都师范大学附属顺义实验小学。
② 案例来源：昌平区回龙观中心小学高欣蕾。

分发挥课后服务质量监控结果的作用，学校需要从以下五个方面进行加强。

（一）及时反馈监控结果

课后服务质量监控的结果应及时反馈给相关教师和学生，以便他们了解教育教学中存在的问题和不足。反馈可以采取个别谈话、会议等形式，确保反馈的针对性和有效性。通过及时反馈，教师和学生可以深入了解监控结果，从而激发他们改进教育教学的动力。

（二）定期总结和分析监控结果

学校应定期组织相关人员对课后服务质量监控结果进行总结和分析，以便发现存在的问题和不足。总结和分析可以采取座谈会、数据分析等方式，对教育教学过程中的各个环节进行细致的梳理。在此基础上，学校应针对存在的问题和不足，提出具体的改进措施和建议，为教育教学改革提供参考。

（三）加强监控结果在教师评价和奖惩中的应用

课后服务质量监控的结果应作为教师评价和奖惩的重要依据。学校在制定教师评价体系时，应充分考虑监控结果对教师教学行为的引导作用。对于在监控过程中表现优秀的教师，学校应给予适当的奖励和表彰，以激发教师的教学积极性和责任感。同时，对于监控结果显示存在问题的教师，学校应采取一定的激励措施，帮助他们改进教育教学方法，提高教学质量。

（四）建立持续改进的机制

学校应建立一个持续改进的机制，以确保课后服务质量监控结果的分析和应用能够真正推动教育教学的改革。在这个机制中，学校应定期检查和改进监控体系，确保监控的全面性和公正性。此外，学校还应关注教育教学改革的效果，及时调整和改进改革措施，确保教育教学质量的提升。

（五）加强与其他部门的协同

为了更好地发挥课后服务质量监控结果的作用，学校应加强与家长、学生和其他相关部门的沟通和协作。通过加强与家长的沟通，学校可以更好地了解学生家长的需求和期望，从而改进教育教学工作。与学生的协作可以采取问卷调查、座谈会等方式，让学生参与到教育教学改革中来，提高他们的主人翁意识。此外，学校还应与其他相关部门协同，共同推动教育教学改革，提高教育教学质量。

四、发挥网络信息技术对课后服务评价的支撑作用

中小学课后服务质量评价体系以网络信息技术平台为支撑，采取形成性评价与总结性评价相结合的形式，全方位、多层次、多视角对课后服务进行评价。利用现代信息技术，打造课后服务网络信息技术评价平台，这是保证所有学生都有平等机会接受课后服务和评估的必要条件。中小学课后服务质量网络信息技术评价平台最显著的特征就是充分利用现代信息技术的信息组织与递送优势。一方面，运用建构在线评估系统破除以往纸质评价形式的壁垒，建立多时空、可共享的评价资源库和数据库；另一方面，利用大数据信息平台，对课后服务的每个阶段形成精确的报告，特别是对学生做出有针对性的评价，最大限度地实现"个性化"的课后服务评价。

参考文献

［1］范国睿. 多元与融合：多维视野中的学校发展［M］. 北京：教育科学出版社，2002：152.

［2］冯·贝塔朗菲. 一般系统论：基础·发展·应用［M］. 秋同，袁嘉新，译. 北京：社会科学文献出版社，1987：45-46.

［3］联合国教科文组织. 教育：财富蕴藏其中［M］. 联合国教科文组织总部中文科，译. 北京：教育科学出版社，1996：104.

［4］刘潜润. 中国儿童放学后托管教育问题研究［M］. 北京：清华大学出版社，2018：64-68.

［5］陶西平. 启动学校内部活力的理论与实践：北京市学校内部管理体制改革研究［M］. 北京：北京教育出版社，1990：198-204.

［6］中国社会科学院语言研究所词典编辑室. 现代汉语词典（第7版）［M］. 北京：商务印书馆，2016：400.

［7］Kym Simoncini, Jennifer Cartmel, Amy Young. Children's Voices in Australian School Age Care：What do They Think About Afterschool Care［J］. International Journal for Research on Extended Education, 2015, 3（1）：114-131.

［8］陈鹏，余倩怡. "双减"格局下课后服务治理及行动逻辑［J］. 中国教育学刊，2023（9）：54-59.

［9］陈佑清，胡金玲. 核心素养导向的课程与教学改革的特质：基于核心素养特性及其学习机制的理解［J］. 课程·教材·教法，2022（10）：12-19.

［10］代薇，谢静，崔晓楠. 赋权与增能：教师参与课后服务"减负增效"路径研究［J］. 中国教育学刊，2022（3）：35-40.

［11］丁海榕. 加强校园安全管理初探［J］. 江苏警官学院学报，2011，26（6）：120-123.

［12］高兵."双减"政策下学校发展问题与提质增效策略研究［J］. 中国教育学刊，2023（3）：6-11.

［13］高建波，瞿婷婷. 学校课后服务的"非正式课程"属性及其实施理路［J］. 课程·教材·教法，2023，43（3）：63-70.

［14］高巍，杨根博，龚欣."双减"深化期如何提升教师参与课后服务的积极性：基于四省中小学教师调查的实证研究［J］. 教育与经济，2023，39（5）：36-44.

［15］高巍，杨根博，龚欣."双减"政策下中小学课后服务实施质量研究：基于7省25区县的实证调查［J］. 宏观质量研究，2023，11（6）：120-128.

［16］高巍，周嘉腾，李梓怡."双减"背景下的中小学课后服务：问题检视与实践超越［J］. 中国电化教育，2022（5）：35-41，58.

［17］顾理澜，李刚，李慧婷. 个体因素与管理举措：什么会影响教师对课后服务的投入——基于B市131所中小学调查数据的多水平分析［J］. 教育学术月刊，2023（9）：12-17，66.

［18］顾明远. 教育大辞典（增订合卷本）［M］. 上海：上海教育出版社，1998.

［19］郭圣东. 赋能中小学生个性化发展的课后服务：可为、难为与应为［J］. 教育理论与实践，2023，43（20）：8-11.

［20］郝建江，郭炯. 数字化背景下"云端学校"构建的价值导向与实践路径：数字技术促进乡村教育高质量发展研究［J］. 电化教育研究，

2023，44（12）：48-54，72.

［21］何光全. 自主性教育学的理论及实践［J］. 现代远距离教育，2012
（6）：17.

［22］侯浩翔，刘志，罗枭，等. "双减"政策评估的利益相关者视角：以教
师教学表现为依据［J］. 中国电化教育，2023（5）：87-94.

［23］黄一帆，周福盛. 高质量乡村学校课后服务的公共性困境及突破［J］.
教育与经济，2023，39（2）：60-69.

［24］贾利帅，刘童. 北欧四国中小学课后服务的实践、特征及启示［J］. 基
础教育，2021，18（4）：103-112.

［25］贾水库，刘伟，满园春，等. 校园安全及其特点分析［J］. 安全，
2015，36（3）：35-38.

［26］晋银峰. 课后服务质量评价：体系构建及应用建议［J］. 教育科学研
究，2024（1）：46-48.

［27］晋银峰，孙冰冰，张孟英. 中小学课后服务的历程、问题与展望［J］.
教育科学研究，2021（11）：5-10.

［28］康丽颖. 促进儿童成长：课后服务多元主体协同育人探讨［J］. 中国教
育学刊，2020（3）：22-26.

［29］柯清超，鲍婷婷，林健. "双减"背景下数字教育资源的供给与服务创
新［J］. 中国电化教育，2022（1）：17-23.

［30］李正云. 从领先快速到规范优质：上海学校心理健康教育回顾与思考
［J］. 教育发展研究，2022，42（10）：17-25.

［31］廖思伦，程红艳. "双减"政策执行的制度困境及其纾解［J］. 当代教
育科学，2022（12）：85-95.

［32］刘登珲，卞冰冰. 中小学课后服务的"课程化"进路［J］. 中国教育
学刊，2021（12）：11-15.

［33］柳立言，龙安然，安敏. 国家中小学智慧教育平台赋能"双减"课后
服务的创新路径研究［J］. 中国电化教育，2023（7）：78-84.

［34］陆云泉，陈德收，康文中．"双减"背景下集团化办学的学校管理变革实践探究［J］．教育科学研究，2023（2）：90-96．

［35］罗枭，侯浩翔．义务教育阶段教师对"双减"的政策感知分析与改进建议［J］．中国电化教育，2022（3）：22-29．

［36］马随成．"双减"背景下的学校管理变革［J］．中国教育学刊，2023（3）：57-60．

［37］马莹．中小学课后服务供给保障的制度建构［J］．中国教育学刊，2022（3）：21-28．

［38］任海江，张守伟．"双减"背景下学校体育的现实挑战、实践路径与案例解析［J］．北京体育大学学报，2023，46（1）：116-124．

［39］容中逵，阴祖宝．社会力量参与中小学课后服务的模式、困境与对策［J］．全球教育展望，2023，52（9）：37-46．

［40］佘宇，阙明坤，杨开勇等．我国基础教育阶段学生负担治理："双减"政策及长效机制建设［J］．管理世界，2022，38（7）：163-169．

［41］时广军．面向意会知识的课后服务：可能与进路［J］．中国教育学刊，2023（12）：86-90．

［42］史大胜，李立，赵上宁，等．"双减"政策背景下小学课后服务研究：现状、问题与对策：基于云南省 H 市九县一区的调查分析［J］．中国电化教育，2022（11）：17-22，31．

［43］史自词，李永涛．澳大利亚中小学课后服务的发展之路和基本经验［J］．比较教育学报，2022（1）：67-80．

［44］唐晓辉，赵艳林，邓燕，等．高质量中小学课后服务方案设计研究［J］．中国教育学刊，2022（6）：29-34．

［45］文静，张建伟．艺术教育对青少年心理健康的积极作用［J］．人民论坛，2023（24）：139-141．

［46］邬云礼．小学道德与法治教学的课后强化［J］．教学与管理，2020（5）：61-62．

［47］吴开俊，庾紫林，黄炳超.“双减”政策下课后服务的生态变化及多元协同［J］.中国教育学刊，2023（3）：12-17.

［48］吴礼剑.“双减”政策背景下课后体育服务价值与路径［J］.体育文化导刊，2022（7）：98-103.

［49］吴立宝，杜卿，潘海生.“双减”背景下高校介入中小学课后服务的可为与能为［J］.教育科学研究，2022（7）：12-17，25.

［50］谢泽源，余必健.中小学课后服务制度体系：目标、构建与实施［J］.教育学术月刊，2023（6）：49-56.

［51］熊晴，朱德全.学校“课后课程”建设的底层逻辑：动力结构与支持条件［J］.暨南学报（哲学社会科学版），2022，44（11）：123-132.

［52］徐用祺，钟志勇.“双减”政策背景下课后服务问题研究：基于网络社交平台的大数据分析［J］.中国青年研究，2022（7）：56-63.

［53］薛海平，黄为.义务教育课后服务质量保障：发达国家的经验与启示［J］.福建师范大学学报（哲学社会科学版），2024（1）：153-166，172.

［54］薛海平，杨路波.我国中小学生家庭课外补习需求收入弹性分析：兼论“双减”背景下缓解课外补习需求的有效策略［J］.首都师范大学学报（社会科学版），2023（4）：133-149.

［55］杨德军，黄晓玲，朱传世，等.“双减”背景下学校课后服务课程实施现状及发展建议：基于对B市285所学校61326名学校管理者及师生的调查分析［J］.中小学管理，2022（7）：36-40.

［56］杨德军，江峰.课程整体育人的价值取向与实践路径［J］.课程·教材·教法，2021，41（6）：21-28.

［57］杨红.课后服务的功能与价值：基于美国课后服务的观察［J］.教育研究，2022，43（11）：77-88.

［58］杨启光，朱纯洁.论我国儿童课后照顾与教育服务的需求及政府责任［J］.教育理论与实践，2014，34（34）：25-29.

［59］杨清溪，庞玉鸽.多元协同：课后服务工作承担主体的实践反思［J］.

四川师范大学学报（社会科学版），2022，49（5）：154-160.

[60] 姚松，刘智慧．"双减"政策背景下政府购买课后服务的制度化困境及突破路径：基于新制度主义视角的分析［J］．教育理论与实践，2023，43（14）：3-8.

[61] 叶志强．双减背景下小学数学教师课堂教学的困惑与归因及建议：基于NVivo的质性研究［J］．数学教育学报，2023，32（4）：78-84.

[62] 于宏伟．新教育生态下课后服务课程化路径探索［J］．中国教育学刊，2023（S1）：156-158.

[63] 于洋，潘亚东．美国课后服务运行模式与保障机制研究［J］．外国教育研究，2022，49（10）：60-73.

[64] 袁德润，李政涛．基于"活动"主角地位的"双减"课后服务路径探析［J］．教育学术月刊，2022（5）：58-63.

[65] 曾新，杜鑫华．"双减"背景下农村学校"减负提质"的影响因素及改进策略：基于扎根理论的探索性研究［J］．华南师范大学学报（社会科学版），2023（4）：17-34，205.

[66] 张昌勋．近十年国内小学生课后托管服务相关政策综述［J］．基础教育论坛，2018（16）：10-11.

[67] 张佳莉．教师工作环境满意度再考察：基于激励—保健理论的实证研究［J］．教育发展研究，2017，37（6）：50-56.

[68] 张笑予，祁占勇．"双减"政策背景下教师赋权增能的理论模型与实践路径［J］．中国教育学刊，2023（4）：74-78.

[69] 赵长通，于小晶，邱建国，等．"双减"政策背景下我国课后服务研究综述：基于CiteSpace可视化分析［J］．广西教育学院学报，2023（3）：32-38.

[70] 赵平，胡咏梅．"双减"背景下中小学教师减负：问题、成因与对策［J］．首都师范大学学报（社会科学版），2023（5）：151-161.

[71] 钟志贤．多元智能理论与教育技术［J］．电化教育研究，2004（3）：

7-11.

［72］周洪宇，齐彦磊."双减"政策落地：焦点、难点与建议［J］. 新疆师范大学学报（哲学社会科学版），2022，43（1）：69-78.

［73］周洪宇，王会波. 中小学课后服务功能如何优化：基于系统论视角［J］. 现代教育管理，2022（8）：1-10.

［74］周玲."双减"背景下的课后服务供给方式及质量评估［J］. 中小学管理，2021（12）：35-38.

［75］周美云."双减"政策背景下的学校劳动教育：契机、困境与路径［J］. 教育理论与实践，2023，43（8）：3-7.

［76］朱丘毅，冯昌扬. 日本图书馆课后服务的实践及思考［J］. 图书馆学研究，2022（9）：73-83，101.

［77］卢同庆. 义务教育公共服务均等化问题研究［D］. 武汉：华中师范大学，2019：24-25.

［78］王星霞. 学校发展变革研究［D］. 兰州：西北师范大学，2008：154.

［79］教育部办公厅关于做好中小学生课后服务工作的指导意见［EB/OL］.（2017-03-02）［2024-02-12］. http://www.moe.gov.cn/srcsite/A06/s3325/201703/t20170304_298203.html.

［80］习近平在中国共产党第十九次全国代表大会上的报告［EB/OL］（2017-10-28）［2019-04-12］. http://cpc.people.com.cn/n1/2017/1028/c64094-29613660.html.

［81］中共中央办公厅　国务院办公厅印发《关于进一步减轻义务教育阶段学生作业负担和校外培训负担的意见》［EB/OL］.（2021-07-24）［2022-12-03］. http://www.moe.gov.cn/jyb_xxgk/moe_1777/moe_1778/202107/t20210724_546576.html.

［82］教育部关于减轻中、小学校学生过重负担的指示（1955年7月1日）［EB/OL］.［2024-02-06］. http://www.360doc.com/content/17/0719/18/877149_672627056.shtml.

后 记

　　提升学校课后服务水平，满足学生多样化需求是中共中央办公厅、国务院办公厅《关于进一步减轻义务教育阶段学生作业负担和校外培训负担的意见》的重要内容。北京教育科学研究院基础教育科学研究所承担了北京市教委委托"北京市义务教育课后服务质量提升项目"，认真贯彻党的二十大精神，推进落实教育部、北京市关于"双减"的工作要求，推进课后服务与学校教育教学常规工作一体化发展，建立课后服务长效机制，提高课后服务质量和水平。

　　一方面，建立协同共治的工作机制，推进全市课后服务工作。为凝聚北京市课后服务理念共识，科学高效推进义务教育课后服务工作，在市教委支持下构建了行政科研相结合的项目推进机制，发挥不同主体优势，形成三个区域间协作体，从"课后服务内容设计""课后服务过程管理""课后服务资源统筹"三方面开展协作体共同探索，实现协同治理，激发各区教委、教科研部门和学校的课后服务区域实践活力。三个协作体形成专题研究报告，各区各校连续两年提交了数百篇典型案例文稿，举办区域交流活动近十场。

　　另一方面，研制《北京义务教育学校课后服务工作指南（试行）》。为研制北京市义务教育课后服务指南，探索政策文本的具体内容，项目组对已有省级、市级、县区级等义务教育课后服务指南文本进行对比分析，确定内容框架；考察借鉴发达地区课后服务实践经验；对高校专家、各区校长、各区教育行政部门、企业单位等多主体进行广泛咨询和调研，充分了解课后服务的现状、问题以及趋势。在充分论证的基础上，研制并出台《北京市义务教育学校课后服务工作指南（试行）》（以下简称《指南》）。《指南》回答了课后服务的性质问题、课后服务与课堂教学的关系问题、课后服务与减负的关系问题、课后服务实践体系问题、课后服务与学校发展关系问题，明晰了课后服务发展方向与实践路径。《指南》通过市教委审议，向全市发放。

本书是在项目组前两项工作基础上的总结提炼，既关注基本问题的梳理与回答，又关注操作方式的说明与举例，使广大学校在实施课后服务工作时知其然也知其所以然，能够基于全面认知与理解选择适合学校的方案举措。当然，更希望学校能够基于本书的提示创生出更符合学校实际、更具有育人实效的校本化方略。

在工作和写作过程中，北京市教委领导、北京教育科学研究院领导给予项目组高度的信任和支持，各区教委以及广大学校积极提供经验案例，华东师范大学张瑛博士和首都师范大学贾琳娜硕士在资料整理方面付出了辛勤劳动。全书由北京教育科学研究院基础教育科学研究所蔡歆和高翔共同执笔。在此，谨向支持本书的各方致以诚挚谢意！本书承载着集体的专业力量与教育情怀，特此向所有躬耕教育事业的同人致以崇高敬意与衷心祝福！

北京教育科学研究院基础教育科学研究所

义务教育课后服务质量提升项目组